# Coquito®

## de Oro

## Integrado

Lectura inicial, escritura y taller.

**Método Global de Palabras**

Para aprender a leer, escribir y pensar con los Conjuntos Integrados.

Ediciones Coquito

Argentina • Brasil • Bolivia • Colombia • Centroamérica • Chile • Ecuador
EE.UU • México • Perú • Paraguay • Pto. Rico • Rep. Dominicana • Uruguay • Venezuela.

# PRESENTACIÓN

*Coquito es un texto didáctico y científico a través del cual más de 40 millones de niños hispano-hablantes han aprendido a leer, escribir y pensar.*

*Coquito está concebido y estructurado en 54 lecciones rigurosamente graduadas, con las cuales se logra iniciar al niño en la lectoescritura, abriéndole un futuro de posibilidades intelectuales y emocionales que elevan su conocimiento y autoestima, brindando una gran satisfacción a maestros y padres de familia, cuando éstos comprueban que los alumnos aprenden a leer y escribir comprendiendo lo que leen.*

*El Método Global de Palabras, creado con el libro Coquito, se sustenta en el universo vocabular de los niños y en la singular característica del castellano que, por ser un idioma transparente, se lee como se escribe y se escribe como se habla, a diferencia de otras lenguas, cuya complejidad fonética es notable.*

*Por ello, no es aconsejable, para la enseñanza de la lectura en español, adoptar métodos concebidos para idiomas opacos, como el inglés y el francés, entre otros, que prolongan hasta en quince meses el aprendizaje de la lectoescritura que puede realizarse en tres meses.*

*La permanente preocupación del autor, con su equipo de especialistas, es reestructurar y actualizar el libro, acorde a los avances y sugerencias de los educadores que utilizan Coquito con notables logros, superando las expectativas en la mayoría de países hispano-hablantes.*

*Agradecemos al Magisterio la acogida que nos brinda y garantizamos, a maestros y padres de familia, que han elegido un método de calidad y excelencia comprobada, que desarrolla los procesos mentales, tomando en consideración las características lingüísticas del idioma castellano.*

*El Autor*

**Coquito de Oro, Lectura Inicial, Escritura y Taller**



**Published by:**
Ediciones Coquito USA, LLC
www.coquito.us

**Graphic Design:**
Carlos A. Guevara B.

**Illustrations:**
Jorge Alva Bejarano

**ISBN :** 978-0-9836377-9-0

Library of Congress data available

**Year :** 2019

# Coquito y Rosita

con su perro Fido.

foto

Soy : ______________________________

Estudio en : ______________________________

Me enseña : ______________________________

Mi correo electrónico : ______________________________

**ÁREA PERSONAL - SOCIAL :** Mi hogar - Nos preparamos para ir al colegio.
Identifica las acciones que realizas antes de ir al colegio.

Nos levantamos temprano.

Nos gusta estar limpios.

Desayunamos con nuestros padres.

Nos despedimos de papá.

Vamos contentos al colegio.

**ÁREA DE COMUNICACIÓN INTEGRAL :** Discriminación auditiva y visual.

oso

agua

anillo

asa

olla

iris

araña

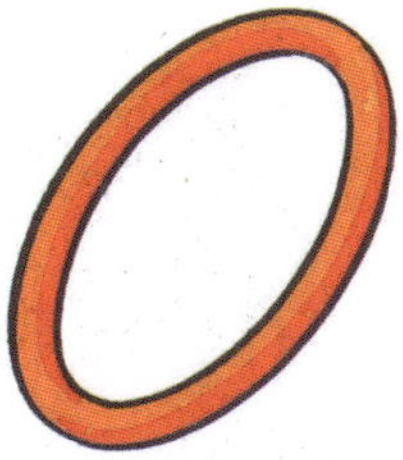
aro

imán

águila

avión

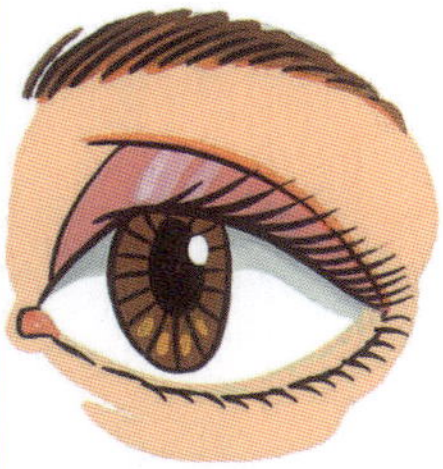
ojo

abeja

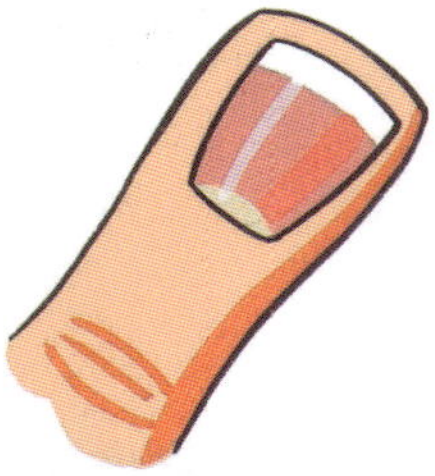
uña

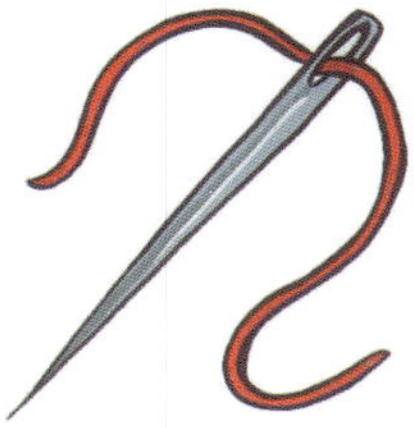
aguja

uva

elefante

uno

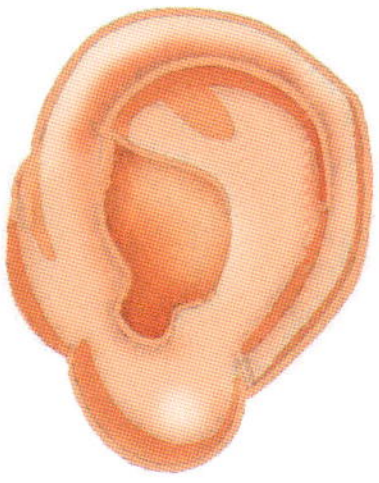
oreja

abanico

enano

arete

ala

oveja

erizo

- Lee las imágenes de izquierda a derecha.
- Reconoce el sonido inicial de cada palabra.
- Separa los sonidos de cada palabra con palmadas.
- Encierra en cada serie el dibujo que tenga el mismo sonido inicial.

# Mi oso.

o o o o

oso

O

olla

*o o o o*

ÁREA DE COMUNICACIÓN INTEGRAL: Introducción a las grafías. Escribe la vocal «o» en su casilla.

Colorea los círculos que corresponden a la vocal «o».
Escribe en los rectángulos la vocal inicial que corresponde.

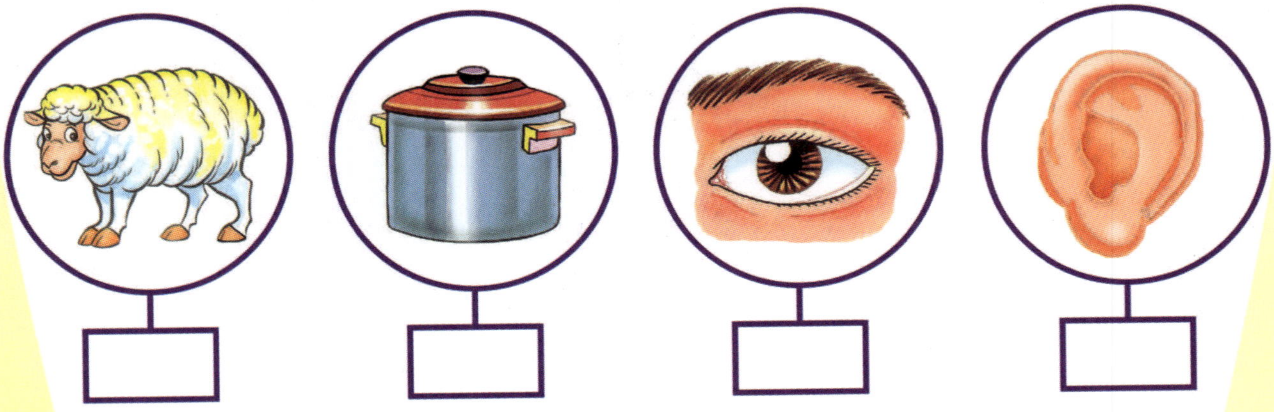

# ¡El arco iris tiene 7 colores!

i o i o i

iguana

I

imán

*i o i o i*

ÁREA DE COMUNICACIÓN INTEGRAL: Introducción a las grafías. Escribe la vocal «i» en su casilla.

Colorea los círculos que corresponden a la vocal «i».
Escribe en los rectángulos la vocal inicial que corresponde.

El avión vuela alto.

a i a i a

A

avión

ala

a i a i a

a

a a a a a a

a a a a a a a

a a a a a a a

a a a a a a a

a

a aa aa aa aa

a aa aa aa aa

a aa aa aa aa

a

Colorea los círculos que corresponden a la vocal «a».
Escribe en los rectángulos la vocal inicial que corresponde.

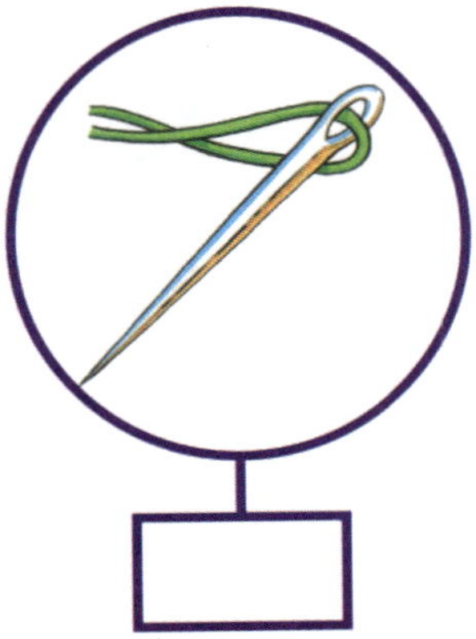

Las uvas me gustan.

u a u a u

U

uvas

uña

u a u a u

ÁREA DE COMUNICACIÓN INTEGRAL: Introducción a las grafías. Escribe la vocal «u» en su casilla.

U

u u u

u u

u

u uu uu

u uu

u

Colorea los círculos que corresponden a la vocal «u».
Escribe en los rectángulos la vocal inicial que corresponde.

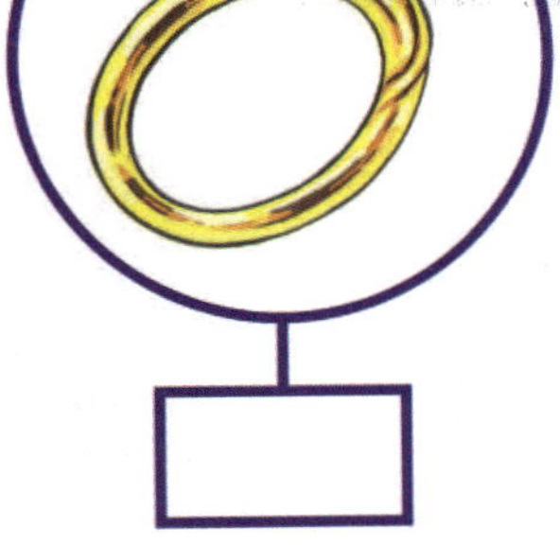

El enano nos saluda.

e u e u e

E

enano

elefante

e u e u e

e

e e e e e e

e e e e e e e e

e e e e e e e e

e e e e e e e e

e

e e e e e e e e e

e e e e e e e e e

e e e

e

Colorea los círculos que corresponden a la vocal «e».
Escribe en los rectángulos la vocal inicial que corresponde.

**ÁREA COMUNICACIÓN INTEGRAL:** Discriminación visual - auditiva.
Colorea el círculo con la vocal inicial que corresponde a cada imagen.

a o e

i o u

a e u

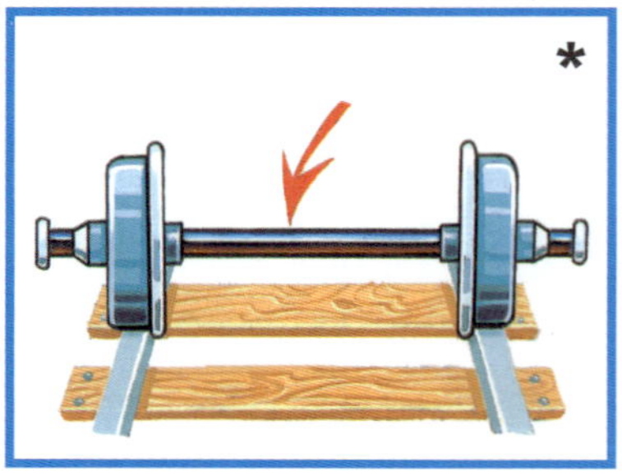


e o i

o a u

u e i

o i a

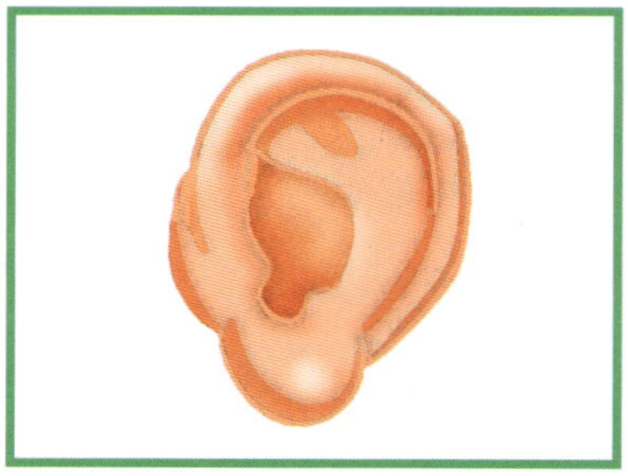

e o u

a e i

o e u

a e i

(*) eje - edificio - iglú

ÁREA COMUNICACIÓN INTEGRAL : Discriminación visual - auditiva.

Escribe, en los rectángulos, la vocal inicial que corresponde a cada imagen.

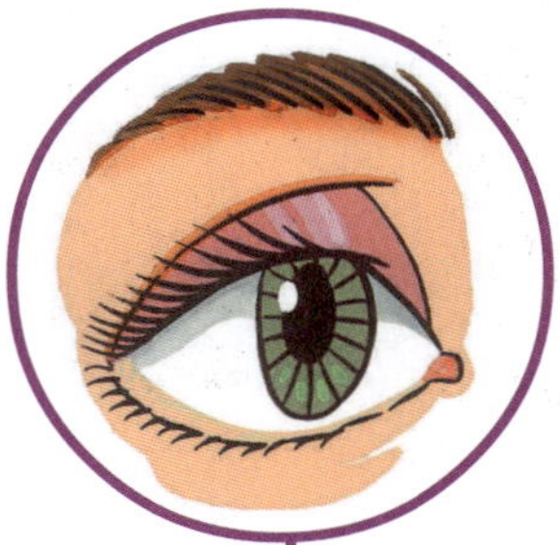

Lee y pinta , del mismo color, las vocales minúsculas con sus respectivas mayúsculas.

a e i o u

A E I O U

**ÁREA PERSONAL-SOCIAL :** Mi familia.

Observa las escenas y reconoce la importancia que tiene la familia en la sociedad, coméntalo.

Papá riega el jardín.

Mamá recoge las flores.

El niño y las niñas juegan en el parque.

El abuelito nos lee un cuento.

La abuelita teje una chalina.

**ÁREA COMUNICACIÓN INTEGRAL :** Lectura de imágenes.

mamá | mesa | mono | mano | lima | vaso

papá | perro | pala | copa | pera | pato

nene | oso | iris | moto | nena | nido

sapo | pino | lata | sala | tina | dado

luna | lupa | pila | masa | sopa | mula

tapa | nudo | taza | pelota | paloma | maleta

- Lee las imágenes de izquierda a derecha.
- Reconoce el sonido inicial de cada palabra.
- Separa los sonidos de cada palabra con palmadas.
- Encierra en cada serie la imagen que tenga el mismo sonido inicial.

## Mamá nos ama.

Lectura: a) De imágenes. b) De imagen y palabra. c) De conjuntos integrados, evitando el silabeo.

| | | |
|---|---|---|
| mamá | Ema | mamá |
| mamá | amo | mamá |
| mamá | eme | mamá |

## Amo a mi mamá.

| | | | | |
|---|---|---|---|---|
| ma | me | mi | mo | mu |

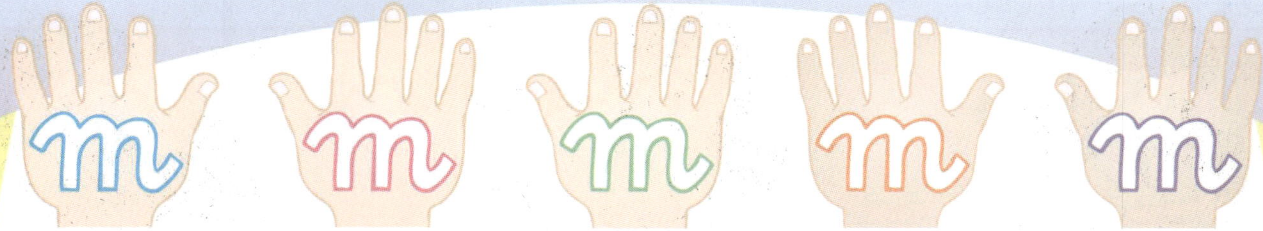


ma me mi mo mu

ma me mi mo mu

ma me mi mo mu

mamá

mamá

mamá

mimo

mimo

Mimí

Mimí

Mi mamá trabaja.

Amo a mi mamá.

Amo a mi mamá.

A

mamá

Mimí

Ema

Encierra, en cada oración, la palabra imagen.

1. Mi **mamá** me ama.
2. Mamá mima a **Mimí**.
3. **Ema** me mima.

Mi mamá.
Mamá me ama.
Amo a mi mamá.

ÁREA DE LENGUAJE Y COMUNICACIÓN : Rol de la maternidad.

Observa las láminas. Descríbelas y conversa.

EVALUACIÓN: Reconoce los dibujos y escribe las sílabas que faltan.

ma

Mi

E

mamá

Lee, separa las sílabas y escribe la palabra.

Asociación: Pinta del mismo color los silabemas iguales.

ma me mi mo mu

me mo ma mu mi

Completa y escribe la oración en la pauta.

Amo a mi

Amo

# Papá juega conmigo.

Lectura: a) De imágenes. b) De imagen y palabra. c) De conjuntos integrados, evitando el silabeo.

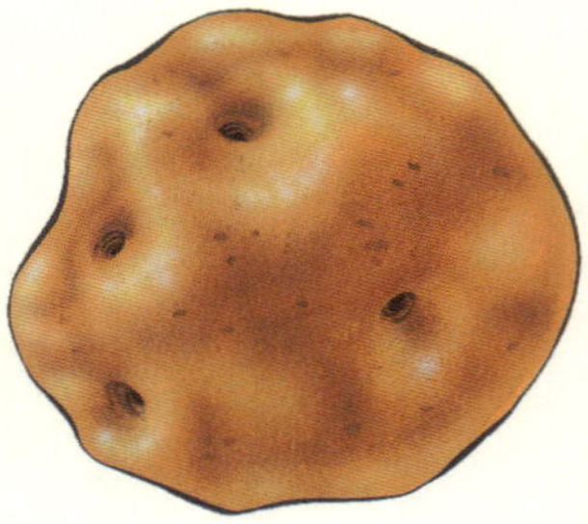

| | | |
|---|---|---|
| papá | papa | papá |
| papá | popa | papá |
| papá | pipa | papá |

## Papá upa a Pepe.

pa pe pi po pu

pa pe pi po pu

pa pe pi po pu

papá puma pipa

Mi papá me mima.

Mi papá me mima.

Pepe

papá

Pipo

Encierra, en cada oración, la palabra imagen.

1. Papá ama a **Pepe**.
2. Mi **papá** me ama.
3. Pepe mima a **Pipo**.

★★★

¡Upa! ¡Upa!
Papá me aúpa.
Amo a mi papá.

ÁREA PERSONAL - SOCIAL : El trabajo.

Reconoce los diferentes oficios que desempeña el padre.

EVALUACIÓN: Reconoce cada dibujo y escribe el nombre respectivo.

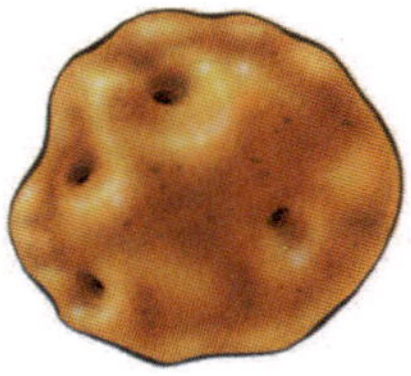

pipa popa

mapa

papa puma

ASOCIACIÓN: Pinta del mismo color las sílabas iguales.

pa pe pi po pu

po pa pe pu pi

papá

Lee, separa las sílabas y escribe la palabra.

Completa y escribe la oración, colocando el nombre de las imágenes.

ama a mi

El nene juega.

Lectura: a) De imágenes. b) De imagen y palabra. c) De conjuntos integrados, evitando el silabeo.

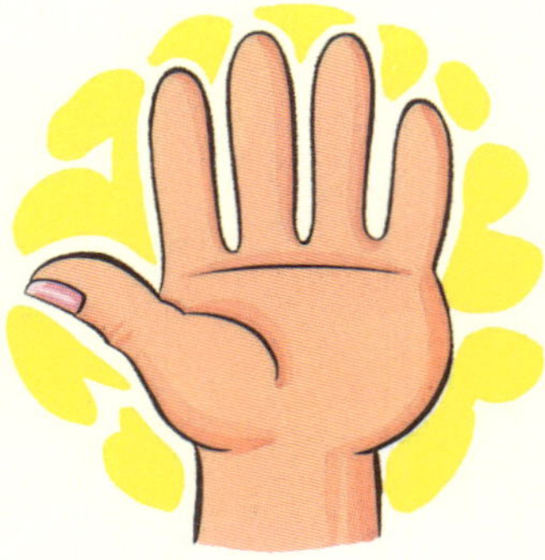

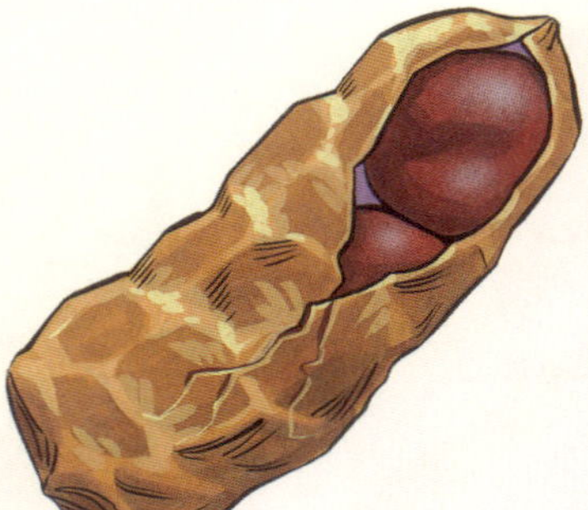

| | | |
|---|---|---|
| nene | mano | maní |
| nena | mono | maná |
| nana | mina | menú |

Noé mima a mi mono.

ne na no ni nu

ne na no ni nu

ne na no ni nu

ne na no ni nu

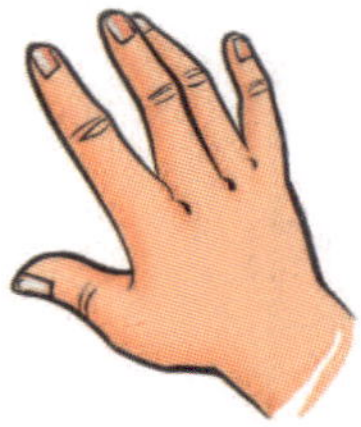

mano mono mina

mano mono mina

Mi nena me ama. Nene

Mi nena me ama. Nene

nene

mono

nena

Encierra, en cada oración, la palabra imagen.

1. Mamá ama a mi **nene**.
2. Pepe mima a mi **mono**.
3. Papá ama a mi **nena**.

Mi nena.

Mi nena me ama.

Amo a mi nena.

ÁREA PERSONAL - SOCIAL : El nene juega.

Conversa sobre los juguetes del nene y nombra el juguete de su preferencia.

EVALUACIÓN: Reconoce cada dibujo y escribe las sílabas que faltan.

nena

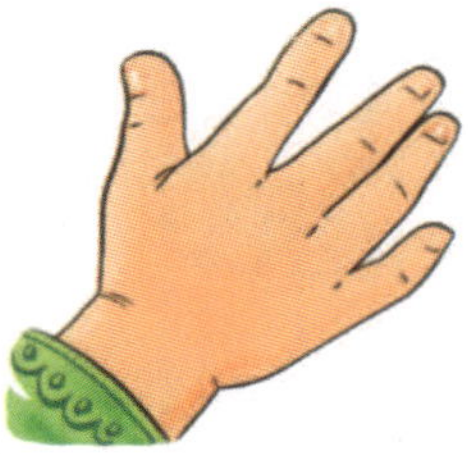

ma

pi

mo

ena

mi

Asociación: Pinta del mismo color las sílabas iguales.

ne na no ni nu

na ne nu no ni

nene

Ordena las palabras y escribe la oración en la pauta.

me — nena — Mi — ama.

Mi

# Miremos al sapo.

Lectura: a) De imágenes. b) De imagen y palabra. c) De conjuntos integrados, evitando el silabeo

| | | | |
|---|---|---|---|
| sopa | mesa | pesa | oso |
| sapo | masa | paso | osa |
| sopa | musa | piso | asa |

Susi asea mi mesa.

sa so si su se

sa se si so su

sa se si so su

sa se si so su

sapo mesa sopa

Simona usa mi mapa.

Si

masa sopa piso

Encierra, en cada oración, la palabra imagen.

1. Susana pesa su **masa**.
2. Papá me pasó su **sopa**.
3. Pepe asea su **piso**.

★★★

Papá pasea
y se pasea
paso a paso.

ÁREA PERSONAL-SOCIAL: Hábitos de higiene.

Observa las viñetas y describe las acciones de los niños. Imítalas en el rincón del aseo.

## EVALUACIÓN

Asociación : 1. Encierra la palabra que corresponde y cópiala.

mesa masa

suma misa

osa asa

2. Lectura de imágenes : Reconoce las imágenes y escribe las frases completas.

Una 

Una

Ese 

Ese

Mi 

Mi

3. Ordena las palabras y escribe las oraciones correctas.

se | pepa. | pasó | Susi | una

S

esa | masa. | pesa | Mi | papá

Mi

# La Luna sale de noche.

Lectura: a) De imágenes. b) De imagen y palabra. c) De conjuntos integrados, evitando el silabeo.

| | | | |
|---|---|---|---|
| lana | loma | pala | sala |
| luna | lomo | pelo | solo |
| lona | lima | pila | sola |

## Lino usa la pala.

| | | | | |
|---|---|---|---|---|
| lu | la | li | lo | le |

lu la li le lo

Luna paloma mula

Luna paloma mula

Mi papá pela la lima.

Mi

lima

paloma

lupa

1. Paola pela una **lima**.
2. La **paloma** pasó la loma.
3. Pamela usa la **lupa**.

★★★

Lola sale,
sale a la loma
y pasea su mula.

ÁREA CIENCIA Y AMBIENTE : Exploración y conocimiento del planeta y su satélite.

Responde : ¿Quiénes viajan a la Luna? ¿Cómo lo hacen?.

REFORZAMIENTO: Reconoce los dibujos y escribe las sílabas que faltan.

lima

la

lu

o

pi

a

La

Una

L

U

Completa la oración colocando el nombre de las imágenes.

La  pasa la 

La

Una  lame mi 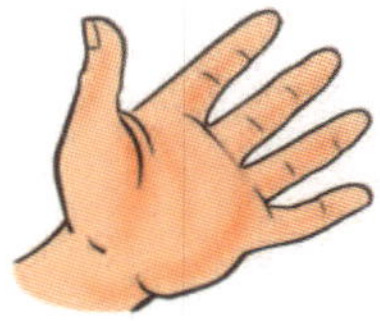

Una

La tuna es una fruta.

| tina | tapa | moto | pato |
| --- | --- | --- | --- |
| tuna | topo | mata | pata |
| tono | tipo | meta | pita |

Talía teme a la mula.

tu ti to ta te

ti tu to ta te

ti tu to ta te

tina paleta lata

tina paleta lata

Mi mamá toma tilo.

tomate

pata

pelota

1. Mi tía Tomasa pela **tomate**.
2. La **pata** pasea a su patito.
3. Tito patea la **pelota**.

Papá toma mate,
mamá toma tilo
y mi tío toma té.

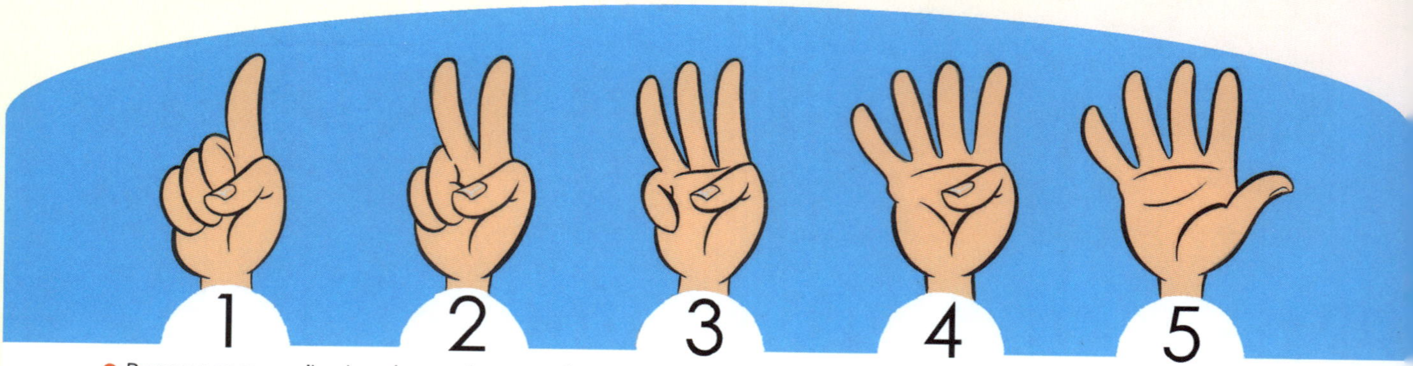


● Reconoce y escribe los cinco primeros números.

1 2 3 4 5

ÁREA DE COMUNICACIÓN INTEGRAL:
Discriminación auditiva. Encuentra las rimas y escríbelas.

| | | | |
|---|---|---|---|
| lata | pala | pino | tapa |

| | | | |
|---|---|---|---|
| nata | lino | pata | mala |
| sala | mapa | papa | tino |

Completa la oración con el nombre de las imágenes.

La  pone la 

La

**REFORZAMIENTO :** Ejercicios fonosilábicos. Lectura por columnas de arriba abajo y viceversa.

| mamá | papá | nene | sapo | luna | tapa |
|---|---|---|---|---|---|
| ma | pa | ne | sa | lu | ta |
| me | pe | na | so | la | tu |
| mi | pi | no | si | li | to |
| mo | po | ni | su | lo | ti |
| mu | pu | nu | se | le | te |

Lancemos el dado.

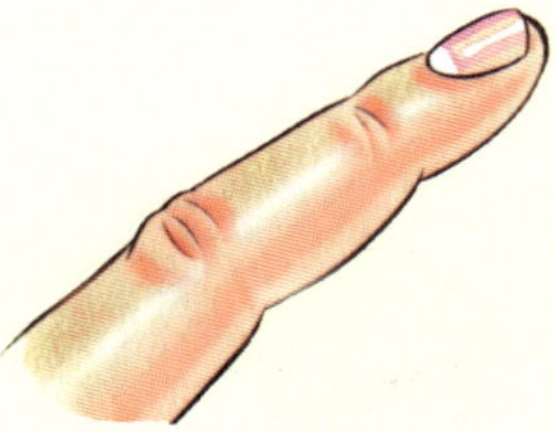 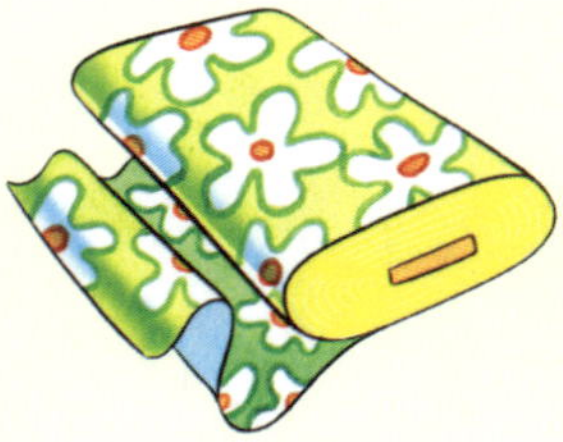  

| | | | |
|---|---|---|---|
| dedo | seda | nido | ludo |
| dado | soda | nada | lado |
| duda | sede | nudo | lodo |

Dina toma toda la soda.

da de di do du

da de di do du dado

da de di do du dado

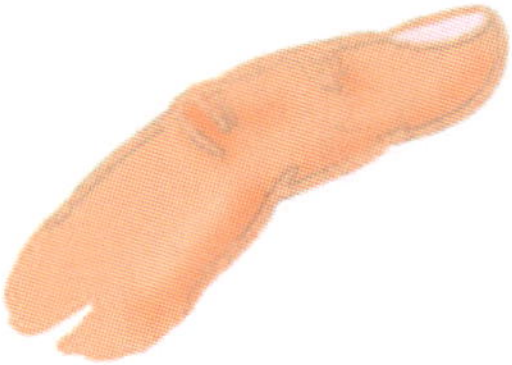

dedo nido nudo

dedo nido nudo

No tomo la sopa salada.

N

moneda

pomada

limonada

1. Papá me da una **moneda**.
2. La **pomada** sanó mi dedo.
3. Dalila toma una **limonada**.

—Dime, Susana,
¿se saluda así?
—Sí, Pepito,
así se saluda.

ÁREA COMUNICACIÒN INTEGRAL : Interpretar el mensaje.

REFORZAMIENTO : Completa las sílabas que faltan y escribe las palabras correctas.

da

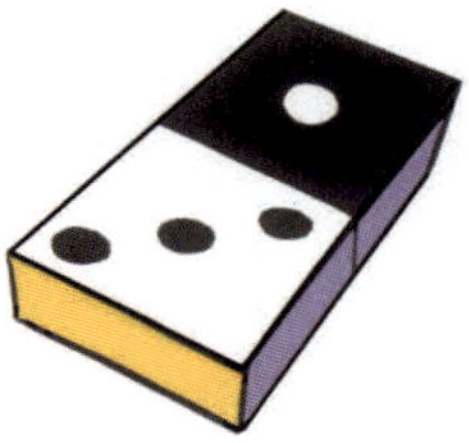

domi

ni

dúo

salu

se

La  pide la 

La

ÁREA DE COMUNICACIÓN INTEGRAL: Crucigrama.

Juego con el aro.

| | | | |
|---|---|---|---|
| lira | muro | toro | pera |
| loro | mora | tira | paro |
| lora | mira | tiro | puro |

Nora mira mi arete de oro.

aro oro era ira

mariposa

loro

panera

1. Lorena mira una **mariposa**.
2. Mi **loro** saluda a María.
3. Teresa pone la **panera**.

—Dime, Darío,
¿morirá mi toro?
—No, nenita mía,
tu toro no morirá.

ÁREA PERSONAL SOCIAL : Evita los peligros.

Comenta sobre las escenas y reconoce el peligro.

¡Qué rosa tan grande!

|  |  |  |  |
|---|---|---|---|
| risa | rata | ramo | perro |
| ruso | rato | remo | parra |
| rosa | ruta | rama | porra |

Renato rema rápido.

ro ra ri re ru

| | | | | | |
|---|---|---|---|---|---|
| ro | ra | ri | re | ru | rosa |
| ro | ra | ri | re | ru | rosa |

| | | |
|---|---|---|
| loro | repisa | tarro |
| loro | repisa | tarro |

Dame una pera madura.

D

ropa

ropero

torre

1. Rosita usa **ropa** de lana.
2. Ramiro repara mi **ropero**.
3. La nena mira la **torre**.

—¡Arre, mulita!,
¡arre, arre, arre!
Arre a la loma,
¡arre, mulita!

ÁREA CIENCIA Y AMBIENTE : Las plantas.

Observa y conversa sobre el cuidado de las plantas.

REFORZAMIENTO: Encierra la palabra que corresponde y cópiala.

La  roe la 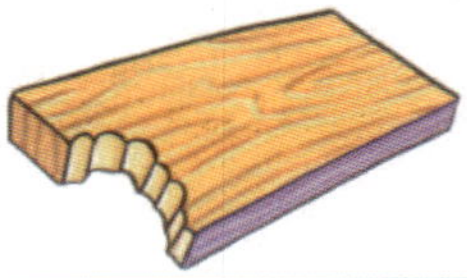

La

morada.

ropa

se

puso

Sarita

La casa es de cartón.

| | | | |
|---|---|---|---|
| casa | cono | pico | copa |
| cosa | cuna | poco | capa |
| caso | cana | peca | cupo |

Carola se puso la capa.

ca co cu

ca co cu casa

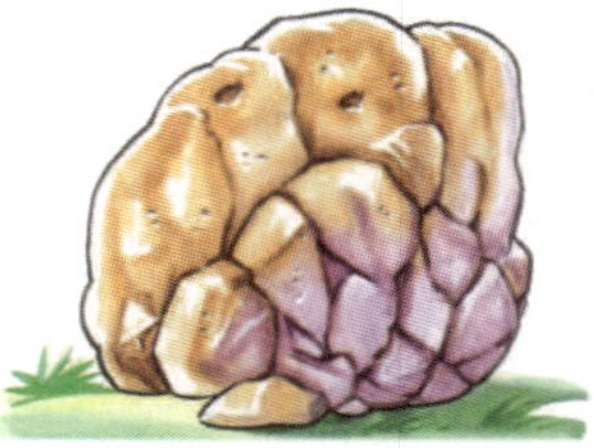

roca

capa cadena

cama

Mi carro corre poco a poco.

Mi

cama Corina camisa

1. Catalina cae de la **cama**.
2. **Corina** come poco coco.
3. Camilo se pone su **camisa**.

—¡Carola, Carola,
la casa se cae...!
—¿Se cae...?
—Sí, corre, corre.

ÁREA COMUNICACIÓN INTEGRAL: Observa la construcción de una casa.

Conversa sobre construcción. Enumera la secuencia.

REFORZAMIENTO: Encierra las palabras correspondientes a cada dibujo y escríbelas.

cotorra corona

careta curita

seco saco

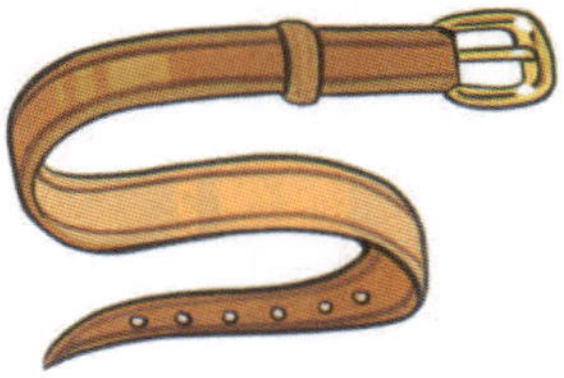

correo correa

cámara cólera

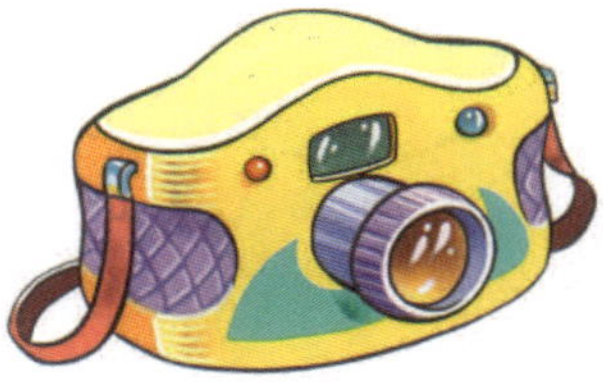

carrete carreta

Completa la oración colocando el nombre de las imágenes.

Mi  no come 

Mi

ÁREA DE COMUNICACIÓN INTEGRAL : Crucigrama.

Observa las imágenes y completa los casilleros con las sílabas correspondientes.

La niña cocina.

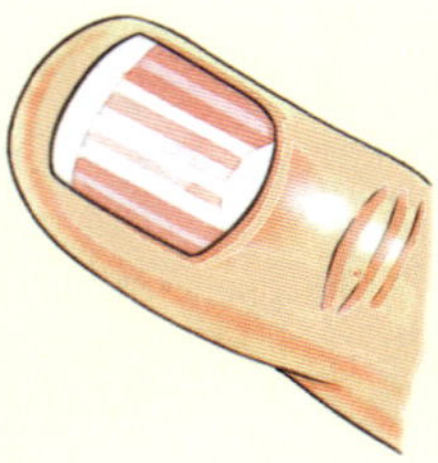

| | | | |
|---|---|---|---|
| niño | uña | paño | caña |
| niña | año | peña | cuña |
| niño | eñe | puño | cuño |

Toñita pide su muñeca.

ña ñu ñe ñi ño

ña ñi ño ñu ñe niña

peña araña moño

La lora pica la piña.

La

araña muñeca leña

1. La señora teme a la **araña**.
2. La niña asea a su **muñeca**.
3. Toño separa la **leña** seca.

★★★

—Toñito, Toñito,
dame la muñeca.
—Sí, te la daré,
pasado mañana.

ÁREA DE LENGUAJE Y COMUNICACIÓN: Todos somos iguales.

REFORZAMIENTO :
Encierra la palabra correspondiente a cada dibujo y escríbela.

Une las sílabas y escribe las palabras que se forman.

pa / ni / pu — ño

ni / pe / ca — ña

Una 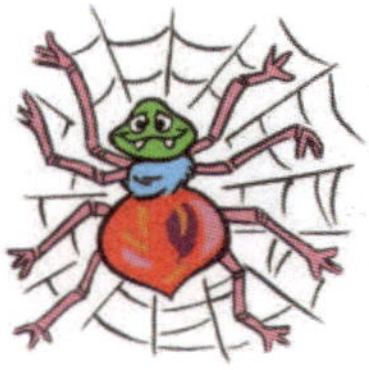 picó a la 

ÁREA LÓGICO - MATEMÁTICA : Los números del 1 al 10.

| | | | | |
|---|---|---|---|---|
| 1 | 2 | 3 | 4 | 5 |
| 6 | 7 | 8 | 9 | 10 |

- Reconoce y escribe los números del 1 al 10.

| | | | | | | | | | |
|---|---|---|---|---|---|---|---|---|---|
| 1 | | 3 | 4 | 5 | 6 | 7 | | 9 | 10 |
| | | | | | | | | | |

Paseamos en el bote.

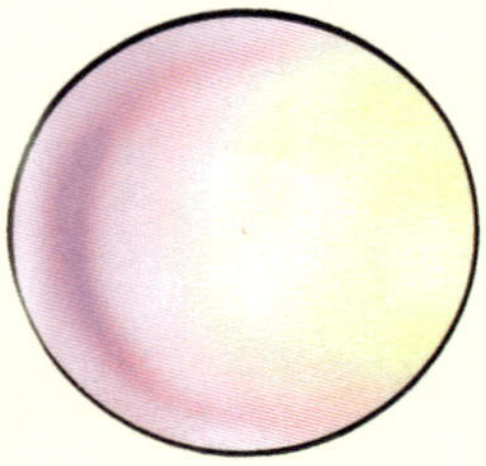

| | | | |
|---|---|---|---|
| bota | bola | burro | nabo |
| bata | bala | barro | nube |
| bote | bolo | berro | nabo |

Benito bota la basura.

| | | | | |
|---|---|---|---|---|
| bo | bi | ba | be | bu |

b b b b b

bo ba bi be bu bola

lobo abanico bote

La niña bota la pelota.

La

L

bebé

bata

rebaño

1. Bety baña a su **bebé**.
2. Benita cose una **bata**.
3. Mi **rebaño** sube la loma.

★★★

—Dime, tía,
¿tu bebé se baña?
—Sí, mi niña,
lo baño cada día.

ÁREA COMUNICACIÒN INTEGRAL: Cuento «El Pastor mentiroso».

Relata el cuento.

Encierra los dibujos cuyos nombres llevan los sonidos : ba, bu y bo escríbelos.

Mi  sube la 

Mi

Una  tapa la 

U

ÁREA DE COMUNICACIÓN INTEGRAL: Discriminación visual.

Observa esta lámina con sus detalles. Encuentra cinco diferencias.

La vaca nos da leche.

| | | | |
|---|---|---|---|
| vela | vino | vaso | pavo |
| vale | vena | vara | lava |
| velo | viña | vida | nave |

Verónica come pavo asado.

va ve vi vo vu

va ve vi vo vu vela

visera

veleta

venado

De la uva se saca vino.

De

D

nave vicuña velero

1. Vanesa visitó la **nave**.
2. Mi **vicuña** come avena.
3. Tu **velero** va a toda vela.

De mi viña
saco la uva;
y de la uva,
rico vino.

ÁREA DE CIENCIA Y AMBIENTE : Animales útiles al hombre. La vaca.

Reconoce su utilidad para nuestra alimentación.
Conversa sobre los productos que proporciona la vaca.

RAZONAMIENTO : Lee y marca con aspa las palabras ilustradas y escríbelas.

Escribe las dos palabras diferentes que se forman uniendo figuras iguales.

ve va lo na bo le

Lectura de imágenes : Completa las oraciones y escríbelas en la pauta.

La  lava su 

La

Papá toma  de 

**SOPA DE LETRAS** Encuentra y colorea los nombres de los dibujos.

| | | | | | | | | | |
|---|---|---|---|---|---|---|---|---|---|
| b | o | l | a | d | b | v | a | c | a |
| g | a | s | c | u | n | a | m | o | t |
| c | e | r | v | a | s | o | j | y | p |
| p | a | v | o | k | f | l | o | r | o |

**EVALUACIÓN :** Lee y pinta, del mismo color, el óvalo igual a la muestra.

| | | | |
|---|---|---|---|
| caño | baño | paño | caño |
| pavo | nabo | pavo | cabo |
| loro | loro | toro | moro |

- Apareamiento: Une con una línea el dibujo con la frase correspondiente.

- una rosa
- una cosa

- mi bote
- mi lote

- la vela
- la tela

- la ropa
- la copa

- Benito asea su casa.
- La nena bota la basura.
- Verónica lava la ropa.
- Eva se lava la boca.

- Lee y une las frases formando una oración correcta.

1. Mi tío Sabino lee
2. La cometa sube
3. De la uva se saca
4. Lorena baña a

- su muñeca.
- rico vino.
- una novela.
- a la nube.

**ÁREA COMUNICACIÓN INTEGRAL :** Discriminación auditiva.
Encuentra abajo las rimas y escríbelas donde corresponda.

| nabo | toro | baño | cama |
|---|---|---|---|
| | | | |
| | | | |

Completa la oración con el nombre de las imágenes.

rama cabo caño paño
moro loro dama pavo

La  mira la 

La

**REFORZAMIENTO :** Ejercicios fonosilábicos. Lectura por columnas de arriba abajo y viceversa.

| **dado** | **rosa** | **casa** | **niña** | **bote** | **vaca** |
|---|---|---|---|---|---|
| da | ro | ca | ña | bo | va |
| de | ra | co | ño | ba | ve |
| di | ri | cu | ñi | bi | vi |
| do | re | ca | ñu | be | vo |
| du | ru | co | ñe | bu | vu |

El gato es juguetón.

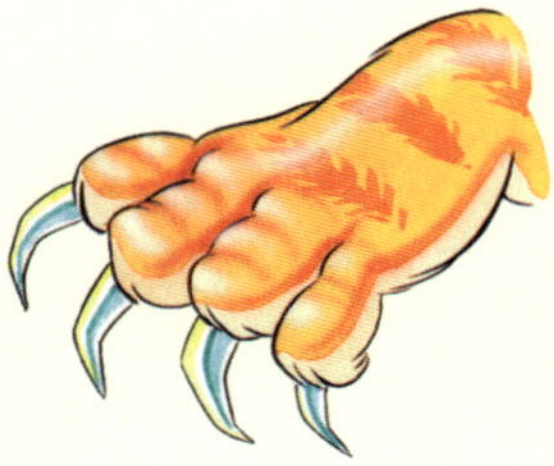

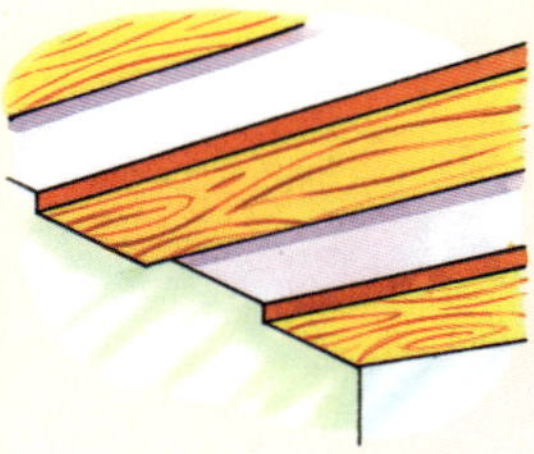

| | | | |
|---|---|---|---|
| gota | garra | soga | viga |
| gata | gorra | vago | lago |
| gasa | goma | miga | liga |

Gabo gana poco dinero.

ga go gu

ga go gu go gu gato

goloso gorila mago

Ordena las palabras y escribe la oración en la pauta.

Gabina vela. la apaga

Ga

ÁREA COMUNICACIÓN INTEGRAL : Crucigrama.

Observa las imágenes y completa los casilleros con las sílabas correspondientes.

gorra

laguna

bigote

1. Godo se puso mi **gorra**.
2. Gabina va a la **laguna**.
3. Tu amigo usa **bigote**.

La gata golosa
come golosina;
se soba la barriga
y asea su bigote.

ÁREA COMUNICACIÓN INTEGRAL: Producción de textos.

Crea un cuento breve siguiendo la secuencia de los cuadros.

ÁREA DE COMUNICACIÓN INTEGRAL: Diminutivos. Escribe el correspondiente diminutivo.

gato

gota

gorra

**ÁREA LÓGICO - MATEMÁTICA :** Los números del 11 al 20.

| | | | | |
|---|---|---|---|---|
| 11 | 12 | 13 | 14 | 15 |
| 16 | 17 | 18 | 19 | 20 |

- Reconoce y escribe los números del 11 al 20.

| | | | | | | | | | |
|---|---|---|---|---|---|---|---|---|---|
| 11 | 12 | | 14 | 15 | 16 | | 18 | 19 | 20 |
| | | | | | | | | | |

El yoyó sube y baja.

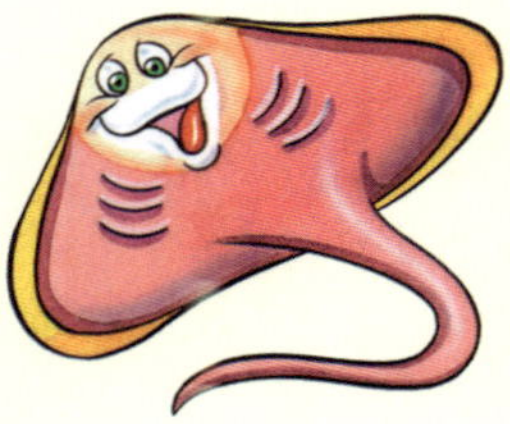

| | | | |
|---|---|---|---|
| yodo | raya | yeso | boya |
| yema | rayo | yoga | bayo |
| yute | soya | yuca | mayo |

Yuri navega su yate.

yo yu ye ya y

yo yu ye ya y yoyó

yema

payaso

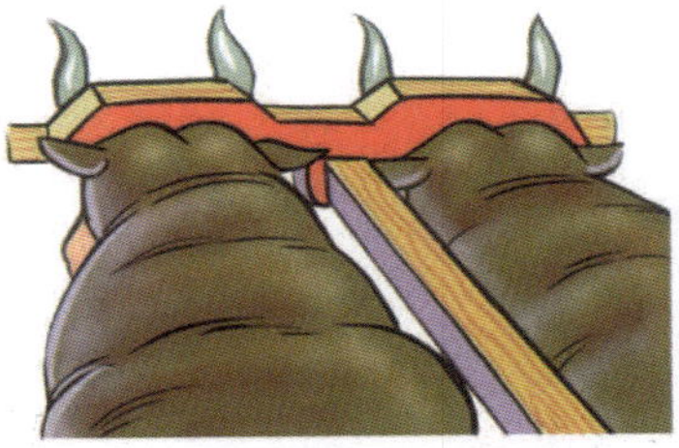

yugo

Ese yoyó no era tuyo.

Ese

E

yema

desayuno

yate

1. Yolita bate la **yema**.
2. Yamila toma su **desayuno**.
3. Mi tocayo sube a su **yate**.

★★★

Yo ayudo a mamá
cada mañana,
y seré su apoyo
toda la vida.

ÁREA DE COMUNICACIÓN INTEGRAL : Producción de textos.

Produce un texto siguiendo esta secuencia : Una vez... luego...

REFORZAMIENTO :
Encierra las palabras correspondientes a cada dibujo y escríbelas.

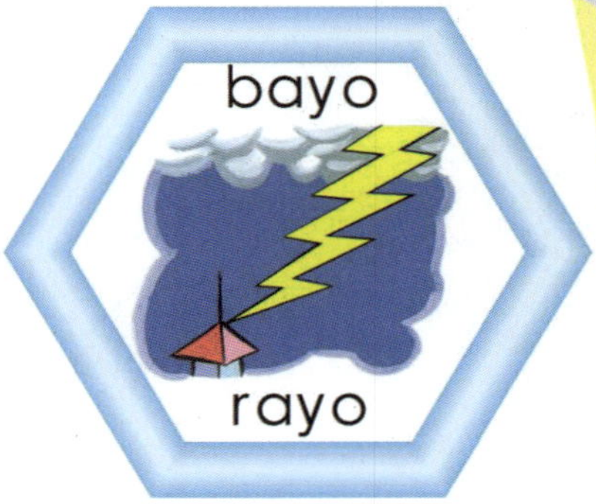

Ordena las palabras y escribe la oración en la pauta.

Yo | comí | la | soya. | toda

Yo

**ÁREA LÓGICO - MATEMÁTICA :** Los números del 21 al 30.

| | | | | |
|---|---|---|---|---|
| 21 | 22 | 23 | 24 | 25 |
| 26 | 27 | 28 | 29 | 30 |

- Reconoce y escribe los números del 21 al 30.

| | | | | | | | | | |
|---|---|---|---|---|---|---|---|---|---|
| 21 | 22 | 23 | | 25 | | 27 | 28 | 29 | 30 |
| | | | | | | | | | |

# ¡Cuidado con el humo!

| hada | hilo | higo | hora |
| --- | --- | --- | --- |
| hurra | hipo | haya | haba |
| heno | hule | hoyo | humo |

Hipólito mira la hora.

hu hi ho ha he

hu ho hi he ha hu

hamaca cohete buho

Mi cohete va a la Luna.

Mi

harina

cohete

helado

1. Homero amasa la **harina**.
2. Ese **cohete** va a la Luna.
3. Hugo saborea **helado** de higo.

★★★

—¡Hola!, amiga mía.
Dime la hora.
—¡Cómo no! Pero...
mira ahí, arriba.

ÁREA PERSONAL SOCIAL : Los oficios y profesiones.

Inventa un relato de acuerdo a las escenas.

hora

ahorro

hamaca

herrero

haba

hada

hipo

higo

hilera

helado

hilo

hule

Sale  de la 

| | | | | |
|---|---|---|---|---|
| 31 | 32 | 33 | 34 | 35 |
| 36 | 37 | 38 | 39 | 40 |

- Reconoce y escribe los números del 31 al 40.

| | | | | | | | | | |
|---|---|---|---|---|---|---|---|---|---|
| 31 | 32 | 33 | 34 | | 36 | | 38 | 39 | 40 |
| | | | | | | | | | |

Tómame una foto.

| | | | |
|---|---|---|---|
| fila | faro | foca | café |
| fino | foto | foco | sofá |
| fono | fosa | forro | café |

Felipe apagó la fogata.

fo fa fe fu fi

fo fa fe fu fi foco

foto

cafetera

feo

La foca cayó a la fosa.

La

sofá

teléfono

farola

1. Federico cayó de mi **sofá**.
2 Fátima usa mi **teléfono**.
3. La **farola** ilumina la torre.

Mi tío fuma,
pero se fatiga;
papá no fuma
y no se fatiga.

ÁREA COMUNICACIÓN INTEGRAL : Producción de textos.

Dramatiza un diálogo telefónico invitando al cumpleaños de Coquito.

REFORZAMIENTO : Encierra la palabra correspondiente a cada dibujo y escríbela.

forro

feo

faro

fosa

foca

foto

fino

figura

fila

farola

fogata

tarifa

Ordena las palabras y escribe la oración en la pauta.

rifa Se muñeca fina. una

Se

**ÁREA LÓGICO - MATEMÁTICA :** Los números del 41 al 50.

| | | | | |
|---|---|---|---|---|
| 41 | 42 | 43 | 44 | 45 |
| 46 | 47 | 48 | 49 | 50 |

- Reconoce y escribe los números del 41 al 50.

| | | | | | | | | | |
|---|---|---|---|---|---|---|---|---|---|
| 41 | | 43 | 44 | 45 | 46 | 47 | | 49 | 50 |
| | | | | | | | | | |

La jarra está llena de jugo.

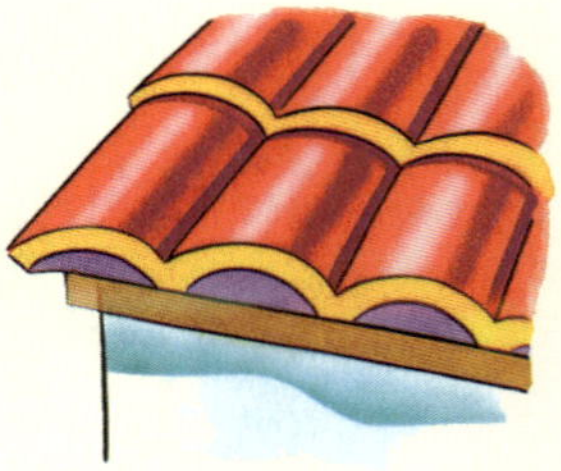

| | | | |
|---|---|---|---|
| joya | hoja | teja | jinete |
| jarro | hijo | tejo | jirafa |
| jugo | hija | tajo | jarabe |

Jovita usa faja de lana.

ja ju jo ji je

ja ju jo je ji jarra

oveja

caja

jinete

Una abeja picó a mi papá.

Una

abeja

jirafa

oveja

1. Una **abeja** me picó la oreja.
2. Jimena dibuja una **jirafa**.
3. José sacó lana de su **oveja**.

★★★

Arriba vive,
arriba mora,
teje y teje
la tejedora.

ÁREA CIENTÍFICO-ECOLÓGICA: Animales útiles al hombre - La abeja.

Observa las escenas y conversa sobre las bondades de la miel.

La gitana baila bonito.

| | | |
|---|---|---|
| gitano | gemela | página |
| gitana | gemido | mágica |
| gitano | gemelo | género |

Genoveva dirige la caravana.

gi ge gi ge

APAREAMIENTO : Une las imágenes con sus palabras y cópialas.

gemelo

gitana

gitano

género

página

gelatina

Lectura de imágenes : Completa la oración y escríbela en la pauta.

La  come 

roja

L

ÁREA DE COMUNICACIÓN INTEGRAL : Creación de textos.

Observa el dibujo y crea oralmente un texto.

gema

gelatina

gemelo

1. La gitana me regaló una **gema**.
2. Regina come **gelatina** helada.
3. Genaro vigila a su **gemelo**.

★★★

Gitanita, gitanita,
baja de la torre,
te daré la baraja
y la bola mágica.

**ÁREA LÓGICO - MATEMÁTICA :** Los números del 51 al 60.

| | | | | |
|---|---|---|---|---|
| 51 | 52 | 53 | 54 | 55 |
| 56 | 57 | 58 | 59 | 60 |

- Reconoce y escribe los números del 51 al 60.

| | | | | | | | | | |
|---|---|---|---|---|---|---|---|---|---|
| 51 | 52 | | 54 | 55 | 56 | 57 | 58 | | 60 |
| | | | | | | | | | |

Observa las sílabas y escribe las palabras que se forman.

no gi ta

ne ro gé

ya jo

La  se va a Génova.

Lectura de imágenes: Lee, completa la oración y escríbela en las pautas.

Regina Mi corre amiga ligero.

El zorro corre veloz.

| zumo | caza | buzo | lazo |
|---|---|---|---|
| zeta | mazo | raza | loza |
| zona | mozo | pozo | taza |

Zulema sube a la azotea.

zo zu za zi ze

zo zu za zi ze zorro

lazo mazo zumo buzo

Lectura de imágenes : Completa la oración y escríbela en las pautas.

La  sube a la azotea.

La

La

Lee, completa la oración y escríbela en las pautas.

La  cayó a la 

La

taza

zapatero

pozo

1. Zarela toma una **taza** de té.
2. Tu **zapatero** tiñe mi zapato.
3. Una zorrita cayó a mi **pozo**.

★★★

La niña Zulema
va a la pizarra,
toma la tiza
y dibuja una taza.

**ÁREA LÓGICO - MATEMÁTICA :** Los números del 61 al 70.

| | | | | |
|---|---|---|---|---|
| 61 | 62 | 63 | 64 | 65 |
| 66 | 67 | 68 | 69 | 70 |

- Reconoce y escribe los números del 61 al 70.

| | | | | | | | | | |
|---|---|---|---|---|---|---|---|---|---|
| 61 | 62 | 63 | | 65 | 66 | 67 | | 69 | 70 |
| | | | | | | | | | |

EVALUACIÓN : Encierra la palabra correspondiente a cada dibujo y escríbela.

pereza

cabeza

pureza

zurra

mozo

mazo

zapato

zócalo

pedazo

azote

azada

azotea

Ordena las palabras y escribe la oración en la pauta.

baja   de   Zulema   la   azotea.

ÁREA COMUNICACIÓN INTEGRAL : Lee y dibuja.

cabeza   zapato   taza

El cine me divierte.

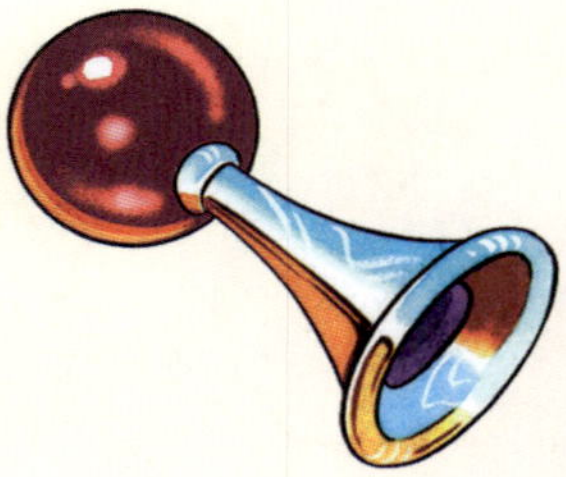

| | | | |
|---|---|---|---|
| cerro | cera | maceta | bocina |
| cima | cero | receta | vecino |
| cita | cine | docena | tocino |

Cirilo toca la bocina.

ci ce ci ce

cocina

cereza

hélice

1. Azucena asea su **cocina**.
2. Ciro hace zumo de **cereza**.
3. La **hélice** gira rápido.

Cirilo cocina y
su receta dice:

Amase tocino cocido,
papa, cebada y avena;
y seguro, la vecina
aparece para la cena.

| **gato** | **yoyó** | **humo** | **foto** | **jarra** | **zorro** |
|---|---|---|---|---|---|
| ga | yo | hu | fo | ja | zo |
| go | yu | hi | fa | ju | zu |
| gu | ye | ho | fe | jo | za |
| gue | ya | ha | fu | ge | ce |
| gui | y | he | fi | gi | ci |

REFORZAMIENTO: Ejercicios fonosilábicos. Lectura por columnas de arriba abajo y viceversa.

Encierra la palabra correspondiente a cada dibujo y escríbela.

cereza

cinema

ceniza

acero

lucero

acera

bocina

cocina

vecina

recibo

receta

racimo

Lee y copia la oración en las pautas.

La cocinera hace la cena.

La

La llama me mira.

| | | | |
|---|---|---|---|
| llave | gallo | sello | pollo |
| llaga | bulla | silla | calle |
| llama | valle | rollo | callo |

Llanira sale a la calle.

lla llo llu lle lli

llo llu lle lli ballena

silla llama olla

Mi caballo se va a la loma.

Mi

botella

llave

gallina

1. La **botella** cayó de la silla.
2. La vecina se llevó la **llave**.
3. Mi **gallina** picotea cebolla.

No llore, mi niño,
la Luna llegó,
mamita te arrulla:
arrorró, arrorró.

ÁREA DE COMUNICACIÒN INTEGRAL:
Fábula «La Gallinita trabajadora».

Relata la fábula y comenta sobre la importancia de la colaboración.

REFORZAMIENTO : Encierra las palabras correspondientes a cada dibujo y escríbelas.

rodillo

cepillo

semilla

hebilla

camilla

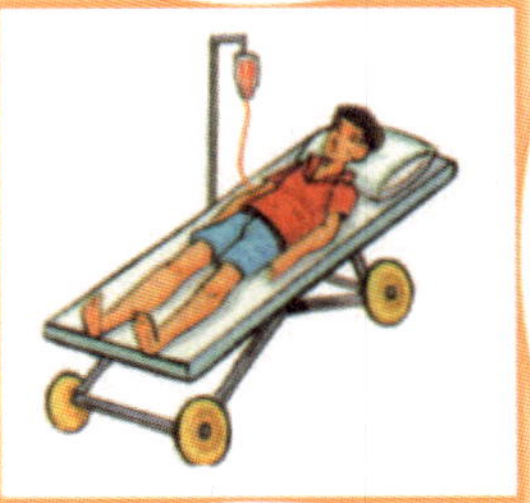

rodilla

toalla

muralla

cabello

camello

anillo

tobillo

Ordena las palabras y escribe la oración en la pauta.

Se | cayó | de | barro. | la | olla

Se

**ÁREA LÓGICO - MATEMÁTICA :** Los números del 71 al 80.

| | | | | |
|---|---|---|---|---|
| 71 | 72 | 73 | 74 | 75 |
| 76 | 77 | 78 | 79 | 80 |

- Reconoce y escribe los números del 71 al 80.

| | | | | | | | | | |
|---|---|---|---|---|---|---|---|---|---|
| 71 | 72 | | 74 | 75 | 76 | 77 | 78 | | 80 |
| | | | | | | | | | |

¡Llegamos a la choza!

| | | | |
|---|---|---|---|
| chivo | ficha | leche | hacha |
| chico | fecha | lucha | noche |
| chino | facha | lecho | nicho |

Charito no sale de noche.

cho chi chu che cha

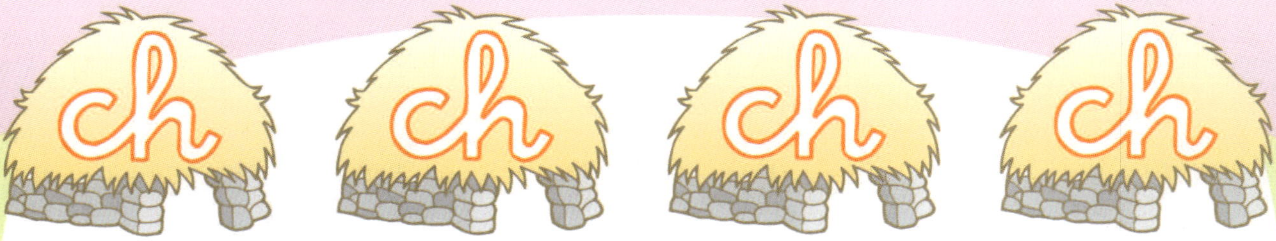


cha che chi chu choza

serrucho

cuchara

Te regalo una

Te

T

techo

cuchillo

lechuza

1. La muchacha sube a mi **techo**.
2. La cocinera afila su **cuchillo**.
3. La **lechuza** chilla de noche.

★★★

Palo palito,
palo palote;
pura canela
y chocolate.

De chocolate,
y pura canela;
palo palito,
palo palote.

ÁREA DE COMUNICACIÓN INTEGRAL: Cuento «El Leñador honrado».

Relata el cuento y opina sobre la honradez.

ASOCIACIÓN : Une la palabra con su respectiva ilustración y escríbelas.

chino

chapa

ducha

mochila

chaleco

chocolate

Comprensión : Une las sílabas y escribe las palabras que se forman.

chi → no, vo, co

le, no, bu ← che

**ÁREA LÓGICO - MATEMÁTICA :** Los números del 81 al 90.

| | | | | |
|---|---|---|---|---|
| 81 | 82 | 83 | 84 | 85 |
| 86 | 87 | 88 | 89 | 90 |

- Reconoce y escribe los números del 81 al 90.

| | | | | | | | | | |
|---|---|---|---|---|---|---|---|---|---|
| 81 | | 83 | 84 | 85 | 86 | 87 | | 89 | 90 |
| | | | | | | | | | |

¡Qué rico queso!

| | | |
|---|---|---|
| choque | paquete | buque |
| cheque | pequeño | toque |
| chaqué | chiquilla | dique |

Quico se quita la chaqueta.

que | qui | que | qui

que qui que qui queso

quina

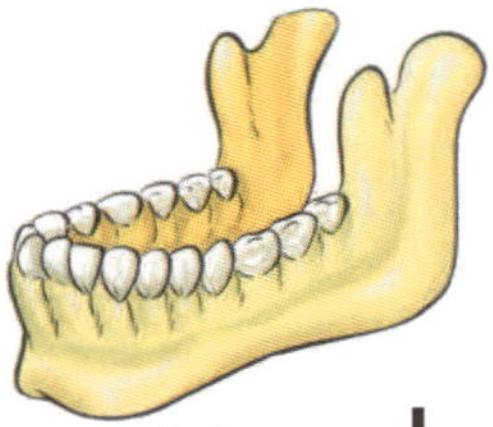

quijada

cheque

Periquito toca la quena.

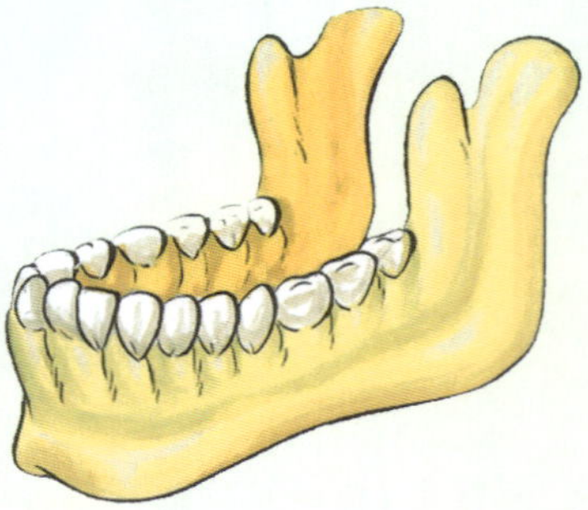

máquina quijada raqueta

1. La **máquina** se quedó aquí.
2. Quique halló una **quijada**.
3. Paquito se llevó la **raqueta**.

¡Coquito, Coquito,
la casa se quema!
¿Se quema?
Sí, corre, corre.

ÁREA CIENCIA Y AMBIENTE : Las máquinas. Su utilidad práctica.

Comenta sobre la importancia de las máquinas para el hombre.
Enumera las que conoces. Visita una fábrica.

EVALUACIÓN: Encierra la palabra correspondiente a cada dibujo y escríbela.

queso cheque

kimono quijada

quina dique

Ordena las sílabas y escribe las palabras que se forman.

ma quí ni

que cho

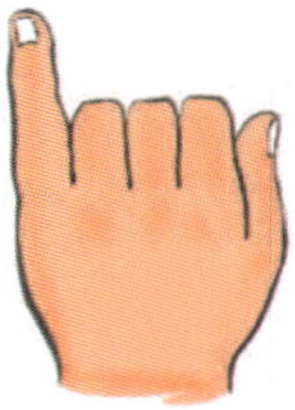

ñi me que

Completa la oración con el nombre de las imágenes.

Mi  ganó la 

Mi

**ÁREA LÓGICO - MATEMÁTICA :** Los números del 91 al 100.

91 92 93 94 95

96 97 98 99 100

- Reconoce y escribe los números del 91 al 100.

| | | | | | | | | | |
|---|---|---|---|---|---|---|---|---|---|
| 91 | 92 | 93 | 94 | | 96 | 97 | 98 | | 100 |
| | | | | | | | | | |

Coquito toca la guitarra.

| | | |
|---|---|---|
| guijarro | guiso | higuera |
| guitarra | guiño | hoguera |
| guerrero | guerra | juguete |

Guisela mira la higuera.

gui gue gui gue

**EVALUACIÓN:** Encierra la palabra correspondiente a cada dibujo y escríbela.

guía
guija
guiso

águila
guerra
guiño

guerrero
hoguera
ceguera

guerrilla
guillotina
guiñada

Ordena las palabras y escribe la oración en la pauta.

la ruta. guía Mi sigue

Mi

**ÁREA COMUNICACIÓN INTEGRAL :** Crucigrama.

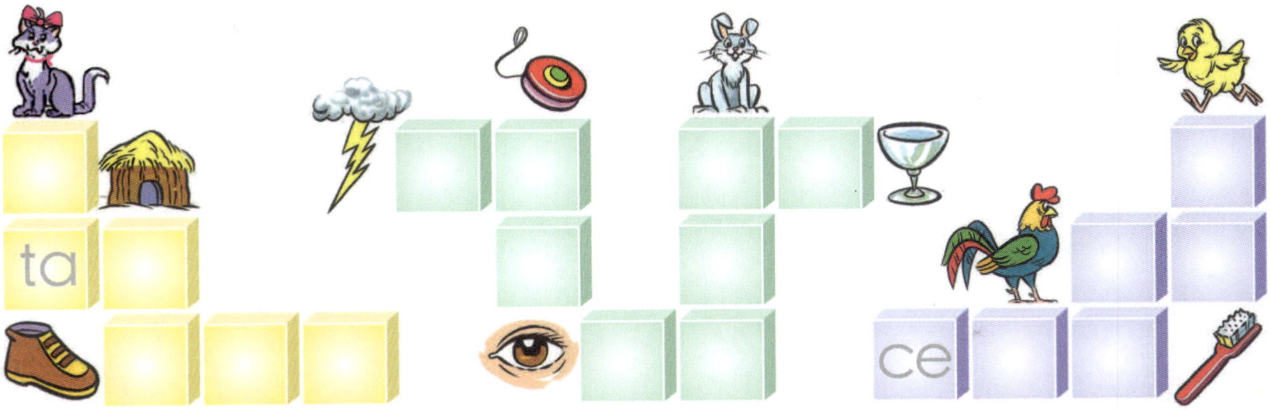


Observa las imágenes y completa los casilleros con las sílabas correspondientes.

hoguera

águila

juguete

1. Papá apaga la **hoguera**.
2. Esa **águila** se llevó a mi conejo.
3. Guido regala su **juguete**.

Mi amiguita Gaby
se puso su gorra,
sacó la guitarra
y tocó una tonada.

**REFORZAMIENTO:**
Ejercicios fonosilábicos. Lectura por columnas de arriba abajo y viceversa.

| gitana | cine | llama | choza | guerra | queso |
|---|---|---|---|---|---|
| gi | ci | lla | cho | gue | que |
| ge | ce | lle | che | gui | qui |
| ja | za | lli | chu | ga | ca |
| jo | zo | llo | chi | go | co |
| ju | zu | llu | cha | gu | cu |

**EVALUACIÓN:** Lee y pinta, del mismo color, el óvalo igual a la muestra.

| | | | |
|---|---|---|---|
| pollo | rollo | bollo | pollo |
| coche | noche | coche | boche |
| techo | techo | lecho | pecho |

Une con una línea el dibujo con la frase correspodiente.

una foca

una roca

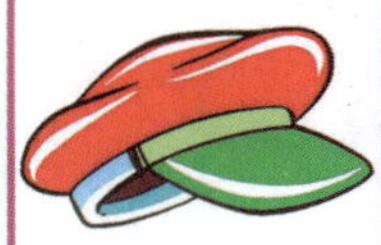

la zorra

la gorra

una jarra

una garra

mi gallo

mi tallo

Escribe el número anterior o posterior correspondiente.

| | | | | | | | | | |
|---|---|---|---|---|---|---|---|---|---|
| 91 | | | 85 | 36 | | | 94 | 16 | |
| | 47 | 52 | | | 62 | 70 | | | 43 |

Lee y une las frases formando una oración correcta.

1. Mi buque va a toda — se quemó.
2. La pequeña no sale — la guitarra.
3. Mi chaqueta de lana — máquina.
4. Paquito no se llevó — de noche.

El asno me pasea.

| | | | |
|---|---|---|---|
| isla | poste | mosca | cisne |
| asno | pasto | muslo | cesta |
| asco | pista | musgo | susto |

Estela se lastimó la nariz.

as es is os us

as es is os us cisne

casco

isla

canasta

las les lis los lus

**EVALUACIÓN :** Busca y pinta del mismo color, las palabras iguales.

| | | | |
|---|---|---|---|
| aspa | asno | isla | aspa |
| raíz | maíz | raíz | arroz |
| nariz | anís | país | nariz |

casco

escalera

aspiradora

1. Gustavo se puso mi **casco**.
2. La **escalera** es de madera.
3. Luzmila usa la **aspiradora**.

★★★

Pepe Pérez
pesca peces
para Paco
Paz Jiménez.

Para Paco
Paz Jiménez,
pesca peces,
Pepe Pérez.

ÁREA EDUCACIÓN EN VALORES : Compartir.

Observa y conversa sobre la acción de la niña. Demuestra que sabes compartir.

EVALUACIÓN : Apareamiento : une cada palabra con su respectiva cualidad.

| | | | |
|---|---|---|---|
| lápiz | tupido | nariz | roto |
| lobo | vacía | maíz | veloz |
| noche | feroz | isla | aguileña |
| bosque | oscura | espejo | amarillo |
| canasta | pequeño | máquina | desolada |

Completa los cuadros y colorea el fondo de la ilustración que corresponde al texto

Mi perro es feroz.

Pepe está sano.

La copa está rota.

La foto es mía.

**REFORZAMIENTO :** Ejercicios fonosilábicos. Lectura por columnas de arriba abajo y viceversa.

| poste | mosca | susto | lista | disco | busto |
|---|---|---|---|---|---|
| pos | mos | sus | lis | dis | bus |
| pes | mus | sas | les | des | bos |
| pis | mas | ses | los | dos | bis |
| pas | mes | sis | lus | dus | bes |
| pus | mis | sos | las | das | bas |

Rosita toca el arpa.

| | | | |
|---|---|---|---|
| arco | termo | cerdo | carta |
| arpa | torno | sordo | corte |
| urna | turno | zurdo | curva |

Arturo firma la carta.

ar ur or ir er

ar ur or ir er torta

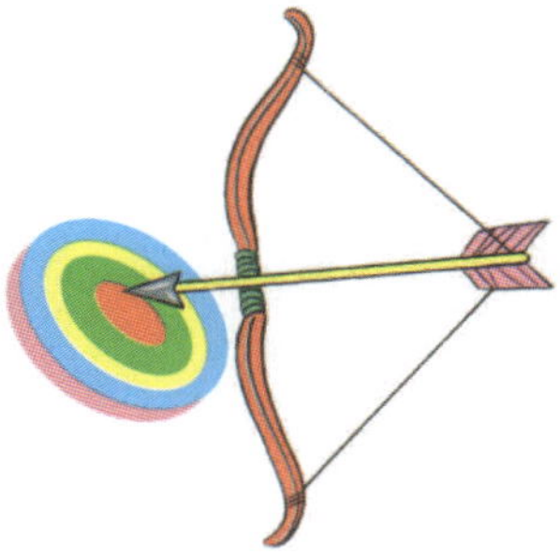

ardilla

arco

circo

tar tur tor tir ter

Ordena las palabras y escribe la oración en las pautas.

Mi espera turno. hermano su

martillo

ardilla

tortuga

1. Óscar me regaló su **martillo**.
2. Marcelino cazó una **ardilla**.
3. Mi **tortuga** come yerba verde.

## Mi hogar

Por allí, por allá,
a Castilla se va;
por allá, por allí
a mi verde país.

Por allá, por allí,
por allí, por allá;
a la mar por allí,
a mi hogar por allá.

Rafael Alberti

ÁREA COMUNICACIÓN INTEGRAL: Fábula «La Liebre y la tortuga».

Relata brevemente la fábula y coméntala.

EVALUACIÓN: Asociación : Lee y escribe el verbo que corresponde a cada dibujo.

llorar
nadar
pescar

comer
correr
barrer

subir
servir
dormir

Lee y completa la oración.

Mi carnicero corta la

El albañil levanta un muro.

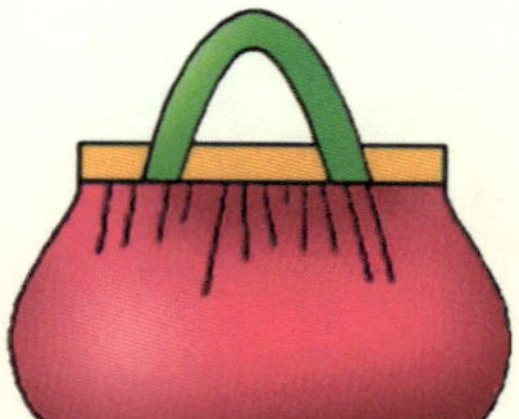   

| | | | |
|---|---|---|---|
| bolso | pulpo | salto | papel |
| balsa | polvo | selva | canal |
| balde | palma | silbo | hotel |

Elvira olvidó su bolso.

al ol il ul el

al ol il ul el panal

pulsera

tonel

árbol

sal sol sil sul sel

Ordena las palabras y escribe la oración en las pautas.

Dame hoja papel. de una

Da

D

dedal Sol caracol

1. Olga se colocó el **dedal**.
2. El **Sol** nos da luz y calor.
3. El **caracol** huye del sol.

—Caña, cañita
del cañaveral:
mi rana, ranita,
¿no está por acá?

—Dama, damita
del cañaveral:
su rana, ranita,
está por allá.

ÁREA PERSONAL SOCIAL: Los oficios.

Identifica y valora a los diferentes miembros de la comunidad y sus oficios.

**Singular y plural.**

# el la los las

Escribe las frases según corresponda.

el 

los 

la 

las 

el 

los 

la 

las 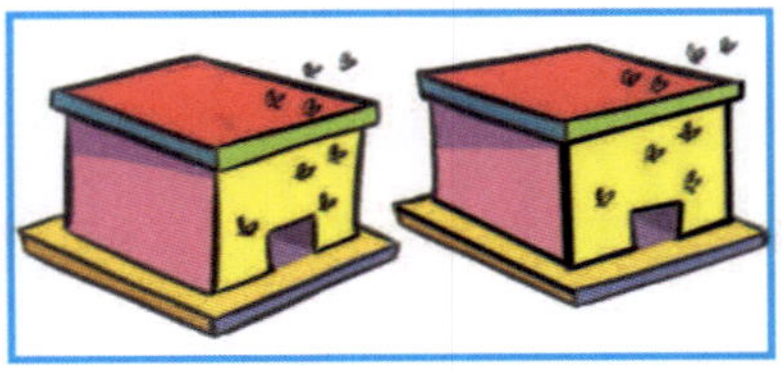

Lee y completa las oraciones.

Déjame ver a

La nos da dátiles.

La antena está en lo alto.

  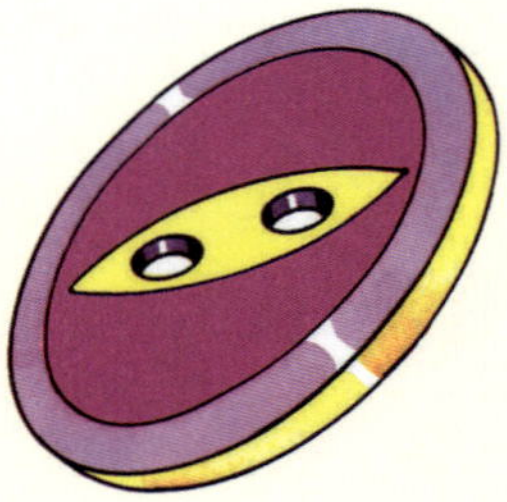 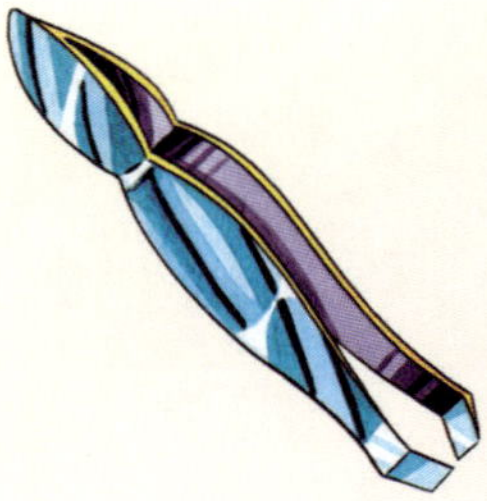

| monte | tumba | botón | pinza |
|---|---|---|---|
| manto | tumbo | betún | panza |
| mente | tambo | botín | punto |

Anselmo sube a la montaña.

an in on en un

an in on en un tambor

candado

patín

sillón

tam tim tom tem tum

La linterna sin está pilas.

La

campana ventana embudo

1. La **campana** repica al amanecer.
2. Enrique saltó por la **ventana**.
3. El líquido pasó por el **embudo**.

## El cocherito

El cocherito
me dijo anoche
que si quería
salir en coche.

Yo le contesto,
que no podía;
porque mi tía
se enojaría.

ÁREA COMUNICACIÓN INTEGRAL: Fábula El León y el Ratón.

Relata la fábula y coméntala. Acepta las particularidades de tus compañeros.

Singular y plural.

| un | una | unos | unas |
| --- | --- | --- | --- |

un 

unos 

una 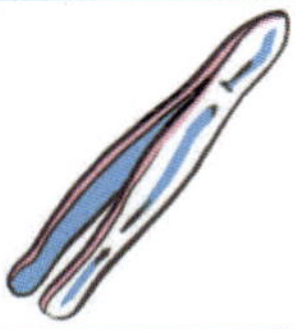

unas 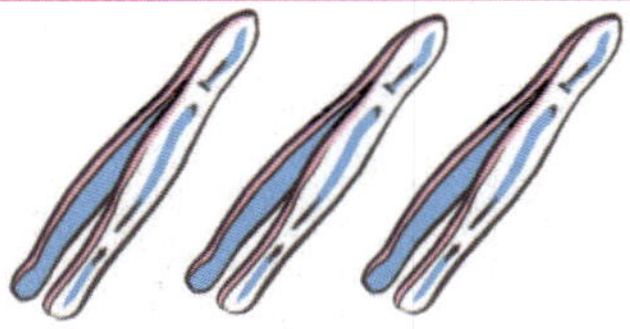

un 

unos 

una 

unas 

Razonamiento verbal : Lee las palabras de cada grupo y marca la que no corresponde.

| | | |
| --- | --- | --- |
| jilguero | manzana | papel |
| ardilla | alfalfa | lápiz |
| martillo | naranja | borrador |
| mosquito | durazno | mármol |
| caracol | melón | tajador |

El koala sube al árbol.

| | | |
|---|---|---|
| kilo | kárate | póker |
| kaki | kimono | kurdo |
| kiwi | kilate | kínder |

Kike pide dos kilos de kiwi.

ko ki ka ke ku

ki ke ku ka ko kilo

kiwi

kimono

kárate

Lee y copia la oración en la pauta.

Karina se puso mi kimono.

**ÁREA COMUNICACIÓN INTEGRAL :** Interpretación de mensajes audiovisiales.

Observa la lámina, encuentra e interpreta el mensaje.

kermés

kimono

kiwi

1. Katy organizó la **kermés** del año.
2. Karina usa **kimono** de seda.
3. A Kico le gusta el helado de **kiwi**.

## Karina Chuzena

(Trabalenguas)

—Karina Chuzena
su choza techaba;
un techador que
por allí pasaba, dijo:

—Karina Chuzena,
¿techas tu choza
o techas la ajena?

—Ni techo mi choza
ni techo la ajena;
techo la choza
de Karina Chuzena.

Anónimo.

Lee y pinta de rosado los nombres de mujeres y de celeste los de varones.

| | | | |
|---|---|---|---|
| Wílber | Carmen | Elvira | Wally |
| Walda | Isabel | Marcela | Willy |
| Wilson | Wendy | Wanda | Wálter |

embudo

alumno

bombón

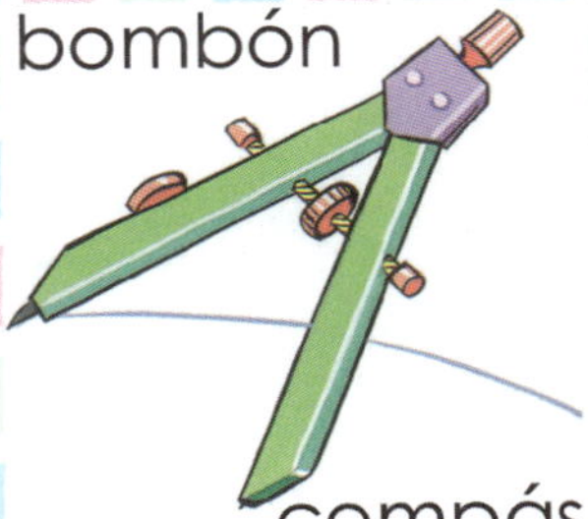

compás

Wilson

Walda

## Las campanitas

Tilín, tilín;
talán, talán,
las campanitas,
sonando están.

Talán, talán;
tilín, tilín.
Tocan y tocan
por San Valentín.

Tocan y tocan,
sin descansar,
y no se agotan,
parán, pam, pam.

tambor

pimpón

whisky

wáter

Wanda

Willy

Coquito es un buen actor.

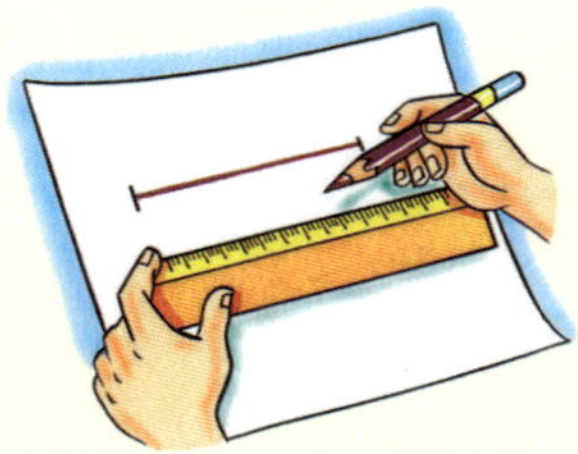

| recta | doctor | mitad | reptil |
|---|---|---|---|
| tacto | lector | salud | signo |
| pacto | sector | pared | fútbol |

Víctor es doctor en medicina.

ac ec ic oc uc

ac ec ic oc uc insecto

recta

cacto

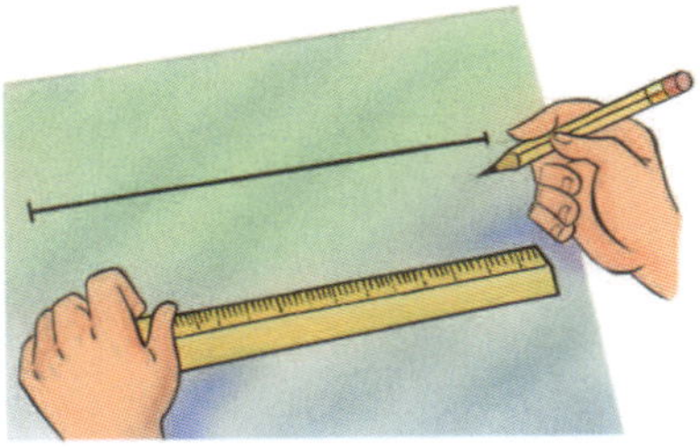

lector

lac lec lic loc luc

Une las sílabas y escribe las palabras que se forman.

cac
tac
pac
to

lec
doc
sec
tor

cacto

insecto

reloj

1. El **cacto** lleva muchas espinas.
2. El mosquito es un **insecto**.
3. El doctor usa **reloj** de pulsera.

## Tictac

Tictac, tictac,
tictac,
un ratoncito se sube,
sube que sube al reloj.

Tictac, tictac,
dan las dos
y el ratoncito, del susto,
al piso, paf, se cayó.

ÁREA CIENCIA Y AMBIENTE : Cuidado de la Salud.

Dialoga sobre lo que le sucede al niño y toma medidas preventivas para conservar la salud.

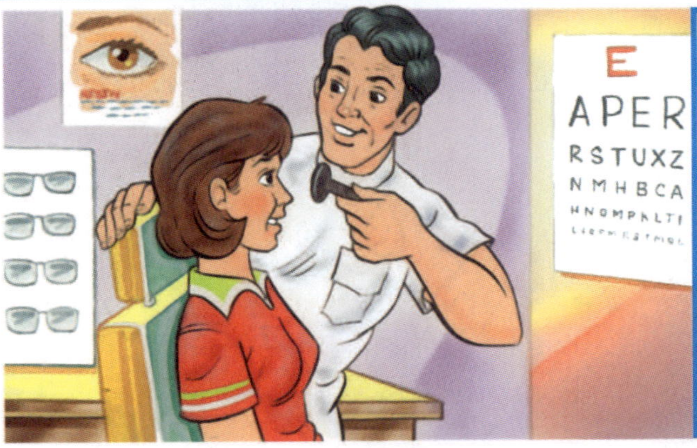


# Óptica

Lee y escribe las palabras, debajo de su respectiva imagen.

La salud es un tesoro.

La

El lagarto es un

Los niños repasan para el examen.

| texto | taxi | box | exágono |
|---|---|---|---|
| mixto | saxo | lux | oxígeno |
| sexto | nexo | fax | examen |

Félix es un excelente lector.

ex ox ux ix ax

# taxi

ax ex ox ix ux taxi

xilófono

boxeo

saxofón

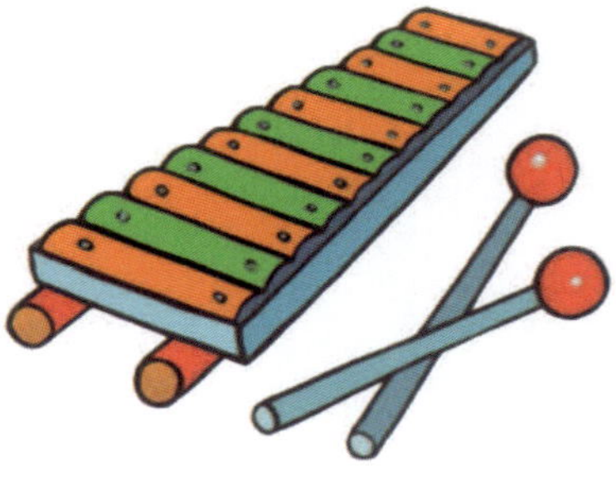

tax tex tox tix tux

## Adivina adivinador...

Cinco patos caminaban,
todos al mismo compás
y los cinco marchaban
con una pata no más.

## Solidaridad

Si yo te ayudo
y tú me ayudas,
ya somos dos:
podemos más.

Si yo te enseño
y tú me enseñas,
ya somos dos:
sabemos más.

Si te respeto
y me respetas,
ya somos dos
que aman la paz.

Juana Vásquez Vara.

**REFORZAMIENTO:** Ejercicios fonosilábicos. Lectura por columnas de arriba abajo y viceversa.

| pasto | barco | talco | santo | himno | lector |
|---|---|---|---|---|---|
| pas | bar | tal | san | him | lec |
| pes | bur | tol | sin | hem | lac |
| pis | bor | til | son | hom | lic |
| pos | bir | tul | sen | hum | loc |
| pus | ber | tel | sun | ham | luc |

**REFORZAMIENTO** : Menciona los nombres de las frutas que aparecen en el dibujo.

-Uniendo dos o tres recuadros encontrarás el nombre de algunas frutas.
-Pinta cada palabra con diferentes colores. Escríbelas en las pautas.

| | |
|---|---|
| me | til |
| dá | lón |
| tum | go |
| man | bo |
| u | món |
| li | va |

| | | |
|---|---|---|
| ce | raz | za |
| du | re | no |
| ba | dí | no |
| san | na | a |
| lú | za | ma |
| man | cu | na |

| | |
|---|---|
| pe | na |
| tu | ra |
| hi | co |
| co | go |
| li | ña |
| pi | ma |

-Marca las frutas de tu localidad. -Conversa sobre las frutas que más te gustan.

Los niños tocan el piano.

| | | | |
|---|---|---|---|
| hielo | viuda | siete | radio |
| hiena | viaje | cielo | nadie |
| hierro | viejo | ciego | novia |

Diego no tiene miedo.

ia ie io iu

viejo canario pie

1. El **viejo** tiene bigotes largos.
2. El **canario** come alpiste.
3. Sonia se luxó el **pie** derecho.

## Doña Rana

La señora rana
salió una mañana.
Llevaba coqueta,
perfume a violeta.

Caminando al rato
la vio el señor pato.
—No se haga rogar.
¡Venga a navegar!

Carlos J. Durán.

ÁREA COMUNICACIÓN INTEGRAL: Instrumentos musicales.

Nombra los instrumentos musicales que conoces e imita sus sonidos.

¡Qué rico hueso!

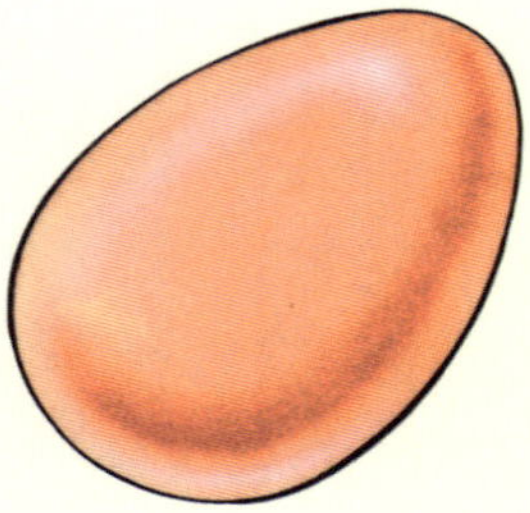

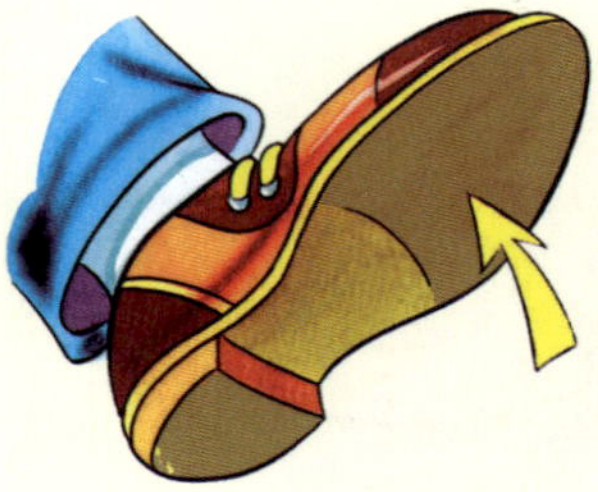

| | | | |
|---|---|---|---|
| huevo | rueda | suela | cueva |
| hueco | ruido | suelo | cuello |
| huella | ruedo | sueño | cuota |

Luisa no juega con fuego.

ue ua ui uo

REFORZAMIENTO : Encierra las palabras correspondientes a cada dibujo y escríbelas.

patio

radio

armario

canario

viuda

viaje

nuevo

nueve

escuela

espuela

hueco
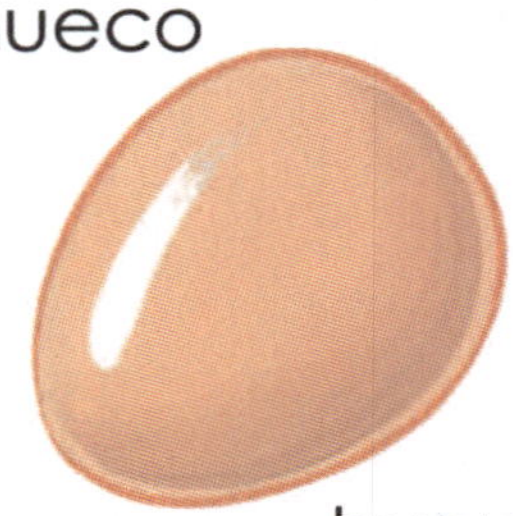
huevo

Lee y completa la oración.

El ______________ come alpiste.

Ordena las palabras y escribe la oración en la pauta.

La | ruido. | hace | rueda | mucho

La ______________

- Lee y une las frases formando una oración correcta.

1. El perro ☐ — ☐ pone huevos.
2. El fuego ☐ — ☐ en el patio.
3. Yo juego ☐ — ☐ cuida la casa.
4. La gallina ☐ — ☐ chisporrotea.

abuela

cigüeña

iguana

1. Mi **abuela** me contó su sueño.
2. La **cigüeña** vuela a su nido.
3. La **iguana** puso un huevo.

★★★

## Ronda

A la rueda rueda,
de pan y canela.
La ronda redonda
de toda la escuela.

Que nadie se quede
solo en un rincón.
A la rueda rueda
de mi corazón.

ÁREA DE COMUNICACIÓN INTEGRAL: Fábula La Zorra y la Cigüeña».

Relata la fábula y coméntala.

(Fábulas de la Fontaine-Ediciones Coquito)

# güe güi güe güi

güe güi güe güi güe

Encierra la palabra correspondiente a cada dibujo y escríbela.

agüita

yegüita

desagüe

zarigüeya

antigüedad

lengüeta

## La ardilla

La ardilla corre,
la ardilla vuela,
la ardilla salta
como locuela...

-Dime, mamita,
¿la ardilla loca
no va a la escuela?

-La ardilla loca
no va a la escuela,
porque le duele
su única muela.

Amado Nervo.
(adaptación)

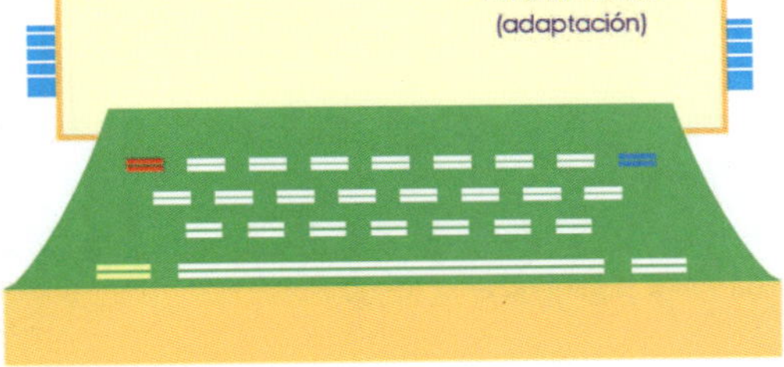

pingüino

lengüita

cigüeña

degüella

pedigüeño

paragüero

Mi auto corre veloz.

| | | | |
|---|---|---|---|
| sauce | baile | reina | jaula |
| pausa | vaina | reino | deuda |
| pauta | boina | peine | naipe |

Paulina baila muy bonito.

au eu ai ei oi

REFORZAMIENTO : Encierra las palabras correspondientes a cada dibujo y escríbelas.

deuda

naipes

caucho

vaina

reino

boina

sauce

laurel

vaina

Mi auto corre muy veloz.

Mi

M

Ordena las palabras y escribe la oración en la pauta.

Yo el peine. con me peino

Yo

paila

rey

peine

1. La **paila** es una vasija de metal.
2. El **rey** baila con la reina.
3. Paula perdió su **peine** rojo.

## El columpio

Yo tengo un columpio
de suave vaivén,
y en él muy contenta
me vengo a mecer.

¡Qué suave columpio!
¡Qué dulce vaivén!
¡Muchachos! ¿no quieren
conmigo jugar?

ÁREA CIENCIA Y AMBIENTE: Medios de transporte.

Enumera los medios de transporte que conoces;
clasifícalos y dialoga sobre su importancia y evolución.

ASOCIACIÓN DE IDEAS : Reconoce las imágenes y escribe las palabras que faltan.

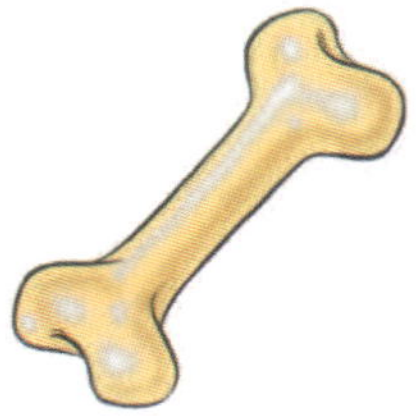

perro

gallina

canario

bastón

corona

novia

ÁREA COMUNICACIÓN INTEGRAL : Crucigrama.

- Observa las imágenes y completa los casilleros con las sílabas correspondientes.

# ¡Mira un platillo volador!

| | | |
|---|---|---|
| plegado | plomada | pluma |
| platero | plazuela | plomo |
| planeta | plegaria | plaza |

Plácido viene de la playa.

pla ple pli plo plu

# pla ple pli plo plu

pla ple pli plo plu

Une cada imagen con su palabra y cópiala.

pluma

placa

planeta

plátano

plomada

plumero

La letra «L» : sa va de paseo. Escribe lo que deja.

| | | | |
|---|---|---|---|
| plato | plomo | plaga | sopla |
| pato | | | |
| plata | pluma | plena | copla |

placa

plátano

platos

1. El alcalde develó la **placa**.
2. Plinio pela un **plátano** maduro.
3. Plutarco lava los **platos**.

Doña Caracola
y don Caracol,
toman en la playa
un baño de sol.

Doña Caracola
y don Caracol
están en la playa
tendidos al sol.

Lilia Monzoni P.

ÁREA COMUNICACIÓN INTEGRAL: Interpretación de mensajes audiovisuales.

Observa la lámina, encuentra los mensajes, interpreta y expresa oralmente.

REFORZAMIENTO : Encierra las palabras correspondientes a cada dibujo y escríbelas.

diploma

soplete

planeta

plomero

playa

plaga

Los niños a van playa. la

L

Completa las oraciones y escríbelas en la pauta.

Un  cayó al 

U

El plural de  es 

E

Me gusta mi clase.

| | | |
|---|---|---|
| clavo | recluta | clavel |
| clara | reclamo | clarín |
| clase | esclavo | clima |

Clotilde corta un clavel rojo.

cla cle cli clu clo

# cla cle cli clo clu

cla cle cli clo clu

Encierra la palabra correspondiente a cada dibujo y escríbela.

bucle

chicle

teclado

recluta

clarinete

claraboya

## Por un clavito

Por un clavito,
se perdió
una herradura.
Por una herradura
se perdió un caballo.

Por un caballo
se perdió un caballero.
Por un caballero
se perdió un reino.

Por un reino
se perdió una guerra.
Por una guerra
se perdió un país.

Y todo esto pasó...,
porque un clavito
se perdió.

Popular (España)

Lee y repite esta retahila

esclava

esclavo

ciclo

ancla

bicicleta

chancleta

ancla

bicicleta

clarín

1. El barco echó el **ancla** en la bahía.
2. Clara maneja su **bicicleta** nueva.
3. Clemente toca **clarín** y clarinete.

## Las campanas

Las claras campanas,
en claras mañanas,
su clara voz dan:
tintán y tintán.

Por plazas y calles,
por lomas y valles,
llamándonos van :
tintán y tintán.

Germán Berdiales.

ÁREA PERSONAL SOCIAL: Seguridad vial.

Nombra los vehículos que observas y comenta sobre la forma de conducir, para evitar los accidentes.

Coquito infla un globo.

| | | |
|---|---|---|
| siglo | glorieta | iglú |
| gloria | gladiolo | regla |
| gluglú | glóbulo | jungla |

Gleny arregla la glorieta.

glo gle glu gla gli

glotón

iglesia

regla

1. Mi tío Glicerio es un **glotón**.
2. Gloria va a la **iglesia** a orar.
3. Gladis usa la **regla** de su hermana.

## Mi globito

Un lindo globito
de rojo color
formaba mi dicha
mi gloria, mi amor.

No sé cómo fue:
entonces..., saltó
y el lindo globito
al cielo voló.

ÁREA COMUNICACIÓN INTEGRAL: Fábula «El lobo ingrato».

Escucha la fábula y coméntala.

glo gle glu gli gla

Une las sílabas y escribe las palabras que se forman.

Subraya la palabra que corresponde a la imagen y cópiala.

siglo
regla
glotón

**Ronda**

Una niña pasará,
gla, gla, gla, gla ...

En mi espejo la veré,
gle, gle, gle, gle ...

Si quieres beber de mí,
gli, gli, gli, gli ...

Jamás te diré que no,
glo, glo, glo, glo ...

¿Quieres imitarme tú?
glu, glu, glu, glu ...

A. Garrigas.

globo
gloria
iglesia

¡Qué **bloque** tan alto!

| | | |
|---|---|---|
| **pueblo** | **tablero** | **roble** |
| mueble | tableta | tabla |
| niebla | tablado | cable |

Pablito sube al tablado.

blo blu bla ble bli

blo blu bla ble bli

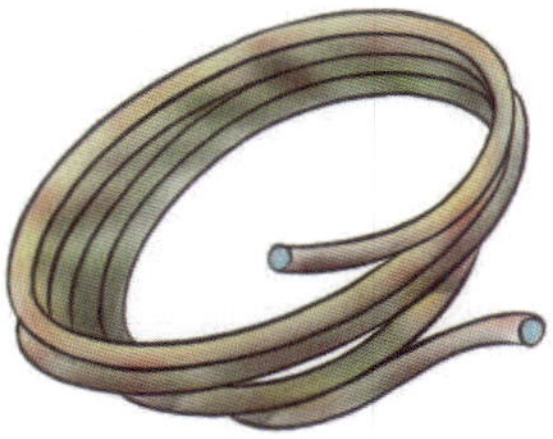

blusa tableta cable

Lee, completa la oración y escribe en la pauta.

El  impide el paso.

El

Ordena las palabras y escribe la oración en la pauta.

El árbol. un roble es

El

blusa mueble tabla

1. Blásida me vendió esta **blusa**.
2. El **mueble** de Bladimiro es nuevo.
3. La **tabla** es madera de roble.

## Mi muñeca

Tengo una muñeca
vestida de azul,
con zapatos nuevos
y blusa de tul.

Salta la tablita,
yo ya la salté.
Sáltala en el roble :
bla, ble, bli, blo, blu.

Lee y une las frases formando una oración correcta.

| | |
|---|---|
| 1 El empleado cumple | de colores. |
| 2 La iglesia tiene | es templado. |
| 3 El cable bloquea | el camino. |
| 4 El clima de mi pueblo | su labor. |
| 5 Los globitos son | un siglo. |

La flecha dio en el blanco.

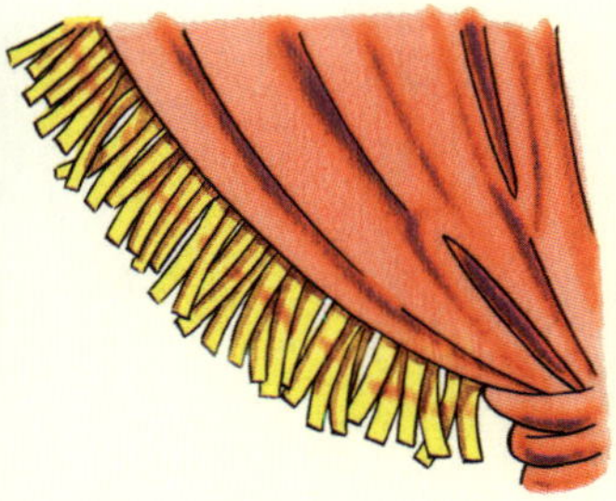

| | | |
|---|---|---|
| flecos | flaco | flores |
| flema | flota | flojera |
| flecha | flete | florero |

Florencia sale de la florería.

fle flo flu fla fli

fle fla flo flu fli

atletla

flama

flecos

tle tla tlo tlu tli

Ordena las palabras y escribe la oración en la pauta.

jabalina. El lanza atleta la

rifle

florero

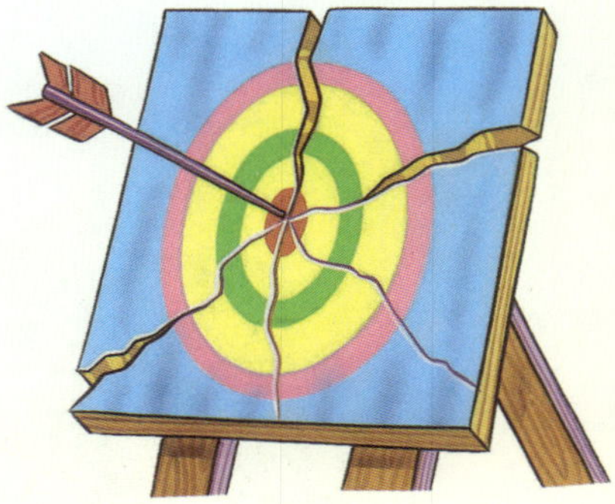

flecha

1. Flavio vendió el **rifle** del abuelo.
2. El **florero** nuevo está sin flores.
3. La **flecha** rompió el tablero.

**Flores para ti**

Las flores más bellas
que en el campo vi,
las corté, mamita,
todas para ti.

Estas flores tienen,
de perfumes, mil
y todo mi anhelo
que seas feliz.

Anónimo.

REFORZAMIENTO: Ejercicios fonosilábicos.
Lectura por columnas de arriba abajo y viceversa.

| plato | clavo | bloque | flecha | globo | atleta |
|---|---|---|---|---|---|
| pla | cla | blo | fle | glo | tle |
| ple | cle | blu | flo | gla | tla |
| pli | clo | bla | flu | gle | tli |
| plo | cli | ble | fla | gli | tlu |
| plu | clu | bli | fli | glu | tlo |

Los niños contemplan el prado.

| | | |
|---|---|---|
| precio | primero | profesor |
| prisa | promesa | prudente |
| preso | prefecto | pretexto |

Prudencio recibió una sorpresa.

pra pri pre pru pro

pra pri pre pru pro

prefecto profesora premio

Completa la sílaba que falta y escribe las palabras correctas.

do re sa proa

proyector

premio

represa

1. Mi primo compró un **proyector**
2. Sixto ganó el primer **premio**.
3. El profesor visitó la **represa**.

### La primavera

La bella primavera
de verde se vistió;
florecen los rosales,
el lirio y el jazmín.

¡Al tiro, liro, liro!
¡Al tiro, liro la!
Cantemos y bailemos
que a prisa el día va.

ÁREA PERSONAL - SOCIAL: Los deportes.

Reconoce y aprecia tus logros y los de tus compañeros.

EVALUACIÓN: 1. Sopa de letras. 2. Complementación.

1.- Encuentra y colorea, en la sopa de letras, los nombres de los dibujos.

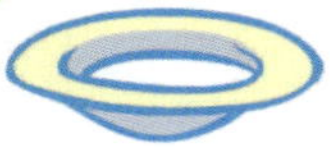

| | | | | | | | | | | | |
|---|---|---|---|---|---|---|---|---|---|---|---|
| n | a | r | t | p | l | a | t | o | ñ | o | r |
| g | l | o | b | o | v | x | c | l | a | v | o |
| m | r | e | f | l | e | c | h | a | y | p | t |
| b | l | u | s | a | k | p | r | e | m | i | o |

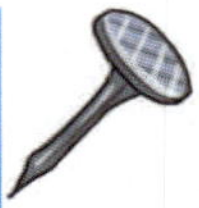

2.- Coloca las sílabas : pra - pre en su casillero y lee.

em

mio

sa

des

re

sa

cio

com

le

dor

ex

cio

so

im

sor

sa

so

tem

com

no

Ordena las palabras y escribe la oración en la pauta.

Mi compró un primo terno.

Mi

La grúa levanta carga.

| | | |
|---|---|---|
| granada | cangrejo | peligro |
| granero | congreso | vinagre |
| granizo | progreso | milagro |

Greta es una niña alegre.

gru gri gro gre gra

gru gri gro gre gra

Ordena los recuadros y escribe las palabras que se forman.

ta gru

gre ti

gri lá mas

Combinando los silabemas : gra - gri - gru, encontrarás nuevas palabras. Escríbelas.

| | | |
|---|---|---|
| gra | gri | gru |
| cia | to | fo |
| llo | no | lla |
| ta | po | das |

Lee y completa la oración.

El salvó de milagro.

El

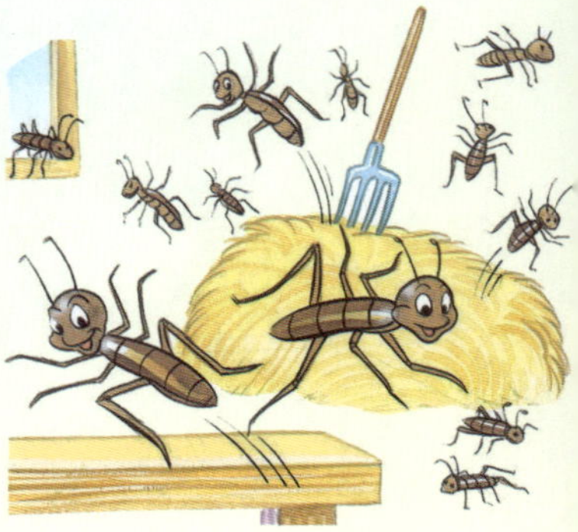

tigre gradas grillos

1. El **tigre** se salvó de milagro.
2. Graciela sube las **gradas** despacio.
3. El granero está plagado de **grillos**.

## El grillo

¡ Gri...gri...gro !
Canta un grillito.
¡ Gri...gri...gra... !
¿dónde estará?

¡ Gri...gri...gro !
es un grillito
chiquito y negrito,
bonito y gritón.

Ercilia Cabrera B.

ÁREA PERSONAL-SOCIAL: Situaciones peligrosas.

Reconoce algunas acciones que ponen en peligro tu integridad física y toma las medidas de prevención necesarias.

REFORZAMIENTO : Coloca las sílabas : gra, gre, gri, gru, en su casillero respectivo y lee.

| | | | | | |
|---|---|---|---|---|---|
| | po | la | | ma | ne | |
| ta | | | llo | | | sa |

| | | | | | |
|---|---|---|---|---|---|
| | | | ti | | | |
| sue | | can | | jo | | mu |
| | ve | | | | san | |

Escribe las palabras que corresponden a cada grupo.

Ordena las palabras y escribe la oración en la pauta.

El grillo noche. de canta

El

Tu **broma** me asusta.

| | | |
|---|---|---|
| **brocha** | **abrazo** | **hombre** |
| brecha | abrigo | hambre |
| broche | obrero | hombro |

Brígida abraza a su sobrina.

bro bri bre bru bra

bro bri bre bru bra

liebre

cabrito

timbre

Comprensión : Une las sílabas y escribe las palabras que se forman.

bra → zo, vo, sa

hom, tim, lie → bre

brazo libro cabrito

1. Bruno se lastimó el **brazo** derecho.
2. El **libro** Coquito es mi tesoro.
3. Un **cabrito** se quedó en el pesebre.

## Las sombrillas

Sobre la orilla del mar
sobraban sombrillas.
Sombrillas que daban
sombra y más sombra.

Tantas sombrillas sobraban
sobre la orilla del mar
que, nada más se veía,
una sombra de sombrillas.

ÁREA PERSONAL SOCIAL: Acciones amistosas.

Observa y comenta las escenas. Marca el recuadro de la escena donde hay amistad.

El dragón nos sorprende.

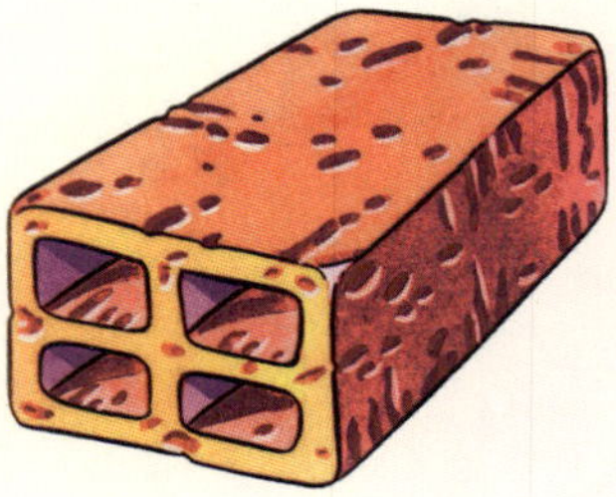

| | | |
|---|---|---|
| madre | taladro | ladrillo |
| padre | cilindro | padrino |
| cedro | alondra | madrina |

Pedro saluda a su madrina.

dra dre dri dro dru

# dra dri dro dre dru

dra dri dro dre dru

dragón

ladrillo

cocodrillo

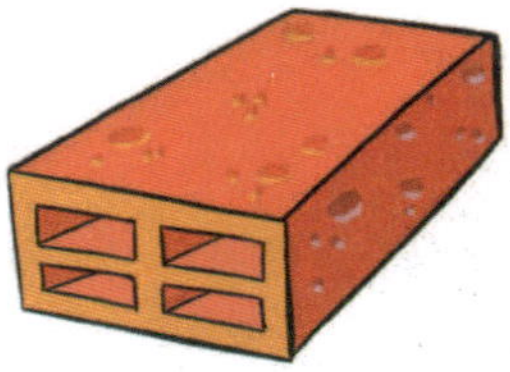

Ordena las palabras y escribe la oración en la pauta.

El | es | mi | de | padre. | taladro

Encuentra las palabras escondidas y escríbelas.

| | | | | | | | | |
|---|---|---|---|---|---|---|---|---|
| a | l | b | r | a | z | o | t | i |
| m | a | d | r | e | r | u | p | e |
| a | r | u | h | p | r | e | s | o |
| e | g | r | i | f | o | d | e | n |
| a | n | i | l | i | b | r | o | r |
| t | i | g | r | e | f | i | b | o |

El triciclo nos divierte.

| | | |
|---|---|---|
| trece | estrella | trucha |
| trazo | estrado | trecho |
| trozo | estreno | trocha |

Trinidad quiere ser astronauta.

tri tru tra tre tro

tri tro tre tru tra

catre

estrella

trebol

Ordena las palabras y escribe la oración en la pauta.

El sastre el traje. entregó

El

La letra «r» se va de paseo. Escribe lo que deja.

brote grasa trecho preso

brocha gramo trono presa

trigo

litro

sastre

1. Las aves se comieron el **trigo**.
2. Bruno compró un **litro** de leche.
3. El **sastre** cortó un metro de tela.

## Los dos cerditos

Por la calle abajo
triqui, triqui, tri,
van dos cerditos
triqui, triqui, tro.

Llevan pantalones
lirón, lirón, lirón;
son dos galanes
triqui, triqui, tro.

ÁREA CIENCIA Y AMBIENTE: Utilidad de las plantas. - El trigo.

Comenta sobre la importancia del trigo en tu alimentación.
Enumera algunos alimentos que se derivan del trigo.

La fruta es saludable.

| | | |
|---|---|---|
| fresa | fragata | cofre |
| frase | franela | cifra |
| frijol | frenillo | zafra |

Fresia disfruta de su refrigerio.

fru fra fre fri fro

fru fre fri fra fro

fresas frutero frazada

**ÁREA COMUNICACIÓN INTEGRAL :** Crucigrama.

Observa las imágenes y completa los casilleros con las sílabas correspondientes.

fresas

freno

fritura

1. Frida prepara mermelada de **fresas**.
2. Alfredo presiona el **freno** del carro.
3. La **fritura** estuvo muy sabrosa.

## La fruta

¡Qué linda en la rama
la fruta se ve!
Si lanzo una piedra,
tendrá que caer.

No es mío este árbol,
no es mío, lo sé ;
mas, yo de esa fruta
quisiera comer.

ÁREA CIENCIA Y AMBIENTE: Higiene de los alimentos.

Comenta las medidas a tomar para conservar los alimentos
y las acciones a realizar antes de consumirlos.

En el recreo jugamos contentos.

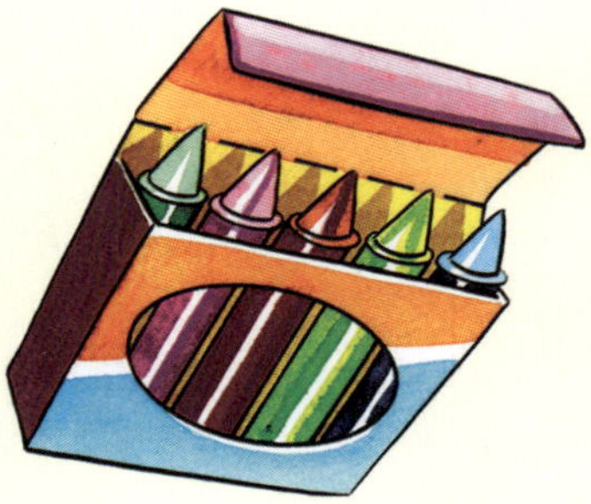

| crema | crayones | cráter |
| --- | --- | --- |
| cromo | crédito | credo |
| crisis | crónica | crudo |

Crisanto me contó un secreto.

cre cra cro cri cru

cromos cráneo microbús

1. Los niños coleccionan **cromos.**
2. Mis primos encontraron un **cráneo.**
3. Lucrecia baja del **microbús.**

**El sapo y el sapito**

Croa el sapo,
croa, croa, croa,
croa con su cría
cría, cría, cría.

Sapo y sapito,
saltan todo el día.
Croa, cría, croa, cría,
el sapo con su cría.

REFORZAMIENTO: Ejercicios fonosilábicos.
Lectura por columnas de arriba abajo y viceversa.

| grúa | brocha | dragón | trucha | fruta | cráneo |
|---|---|---|---|---|---|
| gru | bro | dra | tru | fru | cra |
| gri | bri | dre | tri | fre | cre |
| gro | bre | dri | tra | fri | cri |
| gre | bru | dro | tre | fra | cro |
| gra | bra | dru | tro | fro | cru |

crisol

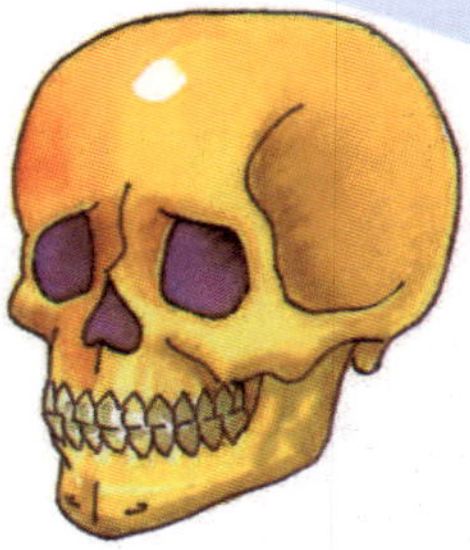

cráter

cráneo

cra cre cri cro cru

Ordena los recuadros y escribe las palabras que se forman.

ma cre

to cre se

cro mi

Ordena los recuadros y escribe la oración en la pauta.

Mi escritor. es padre

Mi

El tren corre sobre rieles.

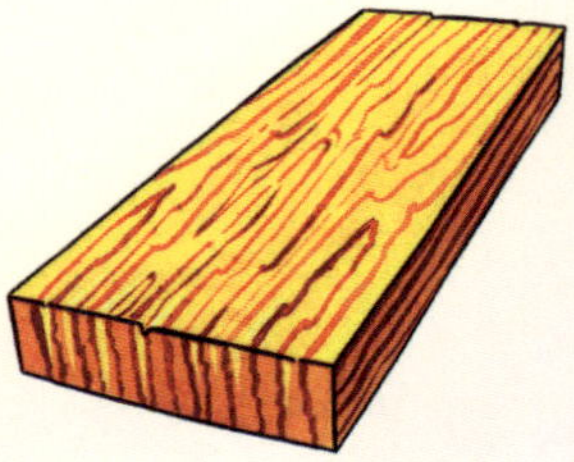

| | | | |
|---|---|---|---|
| tres | trompo | planta | tablón |
| tren | trompa | blanco | temblor |
| cruz | trampa | claxon | renglón |

Francisco lee la prensa.

plan flor crin gris

tractor

frasco

plancha

1. Blas compró un **tractor** francés.
2. El **frasco** es de cristal transparente.
3. Un ladrón robó mi **plancha** nueva.

## Trabalenguas

Tres veces, Patricia dijo:
En un plato de trigo
tres tristes tigres
comieron trigo.

Y tres hombres miraban
a otros tres tigres,
que tristes tragaban
tres trozos de grasa.

Comunicación Integral: Lectura de monosílabos.

| | | | | |
|---|---|---|---|---|
| plan | flan | flor | clan | club |
| tren | tres | dron | crin | gris |
| bloc | clip | frac | dril | |

Lee y pinta de rosado los recuadros de las palabras que comprendes.

Este puente es de piedra.

| | | | |
|---|---|---|---|
| puerta | viento | nuez | lección |
| puerto | pierna | juez | nación |
| cuarto | vianda | buey | pasión |

Luis vigila la construcción.

piel fiel diez cien

avión

paraguas

buey

1. El **avión** aterrizó en el aeropuerto.
2. El **paraguas** se usa cuando llueve.
3. La fuerza del **buey** mueve el arado.

**Trabalenguas**

Juan Pinto,
sable al cinto,
contó de cuentos
un ciento.

Y un chico
dijo contento :
¡Cuánto cuento
cuenta Pinto!

ÁREA CIENCIA Y AMBIENTE : La lluvia.

Comenta sobre la importancia de la lluvia. Describe las escenas.

**PRUEBA DE RETORNO :** Lee y subraya la palabra que corresponde a la imagen y cópiala.

fuente
cuento
suerte

ciento
kiosko
diente

avión
loción
camión

Ordena las palabras y escribe la oración en la pauta.

El | cemento. | de | puente | es

El

**ÁREA CONUNICACIÓN INTEGRAL :** Lectura de monosílabos.

miel | piel | riel | fiel | hiel

bien | cien | diez | pies | Dios

nuez | juez | pues | buey

Lee y pinta, de rosado o amarillo, los recuadros de las palabras que comprendes.

# ¡ Ya sé leer !

¡Ay, qué gusto,
qué alegría;
ahora sí
ya sé leer!

Con mi libro
todo el día
no me canso
de estudiar.

Ese tiempo
tan cortito
lo he sabido
aprovechar.

La maestra
y mi COQUITO
me enseñaron
a leer.

Cantar con la música de : La vuelta a la escuela.

## Por egoístas

Dos gatitos cazaban ratones.

El más listo tomó uno y, cuando se disponía a comerlo, el otro le dijo :

—¡Espera!, yo también quiero participar en tu cena.

—Yo lo tomé y es mío.
¡Que sí, que no! Discutieron largo rato.

Entre tanto, el ratón escapó...

**COMPRENSIÓN LECTORA:**
—¿ Por qué no debemos hacer daño a los animales? —Aprende una canción alusiva al tema.

## Adivina, adivinador ...

Vestidos todo de negro,
venían dos caballeros ;
y uno al otro se decían :
yo primero, yo primero.

Una cosa que tiene
ojos de gato, orejas de gato,
patas de gato, rabo de gato y
no es gato. ¿Qué es?

## Trato hecho

—Oye, pichoncito amigo,
yo quiero jugar contigo.

—Niño, si quieres jugar,
ven, sube a mi palomar.

—Me faltan alas, no puedo...
Baja tú, no tengas miedo.

—Sin miedo voy a bajar
y jugaré satisfecho;
pero trigo me has de dar.

—Pichoncito, trato hecho.

Amado Nervo

# Los cinco burros

Don Tomás compró cuatro burros. Montó en uno y volvió a su casa.

Por el camino los contó : uno, dos y tres. No contaba el que montaba.

Ya en su casa dijo a su mujer :

—Mira, he comprado cuatro burros y traigo sólo tres. Me han robado uno.

—¡Qué raro! —Dijo la mujer.
Tú no ves más que tres, pero yo veo cinco.

COMPRENSIÓN LECTORA :

—¿Cuántos burros compró don Tomás? —¿Qué le dijo al ver a su mujer? —¿Qué contestó ella y por qué?

# El durazno vivo

Ruth María, una niñita de cinco años, come con sus hermanitos.

Se sirve de postre grandes duraznos en conserva.

Ruth quiere cortar el suyo, pero el durazno da un salto y sale del plato.

¡Mamá! —grita la niña—, ¡el durazno está vivo!

José y Jorge se ríen de la ocurrencia de su hermanita.

**COMPRENSIÓN LECTORA :**
—¿Qué personajes intervienen en la lectura? —¿Por qué salta el durazno? —¿Por qué se ríen de Ruth?

# El medio ambiente

Desde la ventana de su casa, Coquito y Rosita contemplan la calle.

Un montículo de basura les llama la atención.

Es un hervidero de moscas. ¡Qué asco!

Los carros transitan a diario echando humo. ¡Qué horrible!

—Esto es insoportable —dice Coquito—. Nos están envenenando.

Hay que hacer algo —comenta su hermanita—. Este ambiente debe mejorar.

**COMPRENSIÓN LECTORA :**

—¿Cómo estaba el medio ambiente? —¿Qué comentó Rosita al ver esto? —¿Cómo debemos actuar para mejorarlo?

# El pastor mentiroso

Érase un pastor mentiroso que le gastaba bromas a los campesinos. Un día comenzó a gritar :

—¡Socorro! ¡Socorro! Que viene el lobo.

Los campesinos acudieron armados de palos, pero no hubo tal lobo. La broma se repitió una y otra vez.

Una mañana llegó de verdad el lobo. El mentiroso gritaba : —¡Socorro! ¡Socorro! Que viene el lobo.

Nadie le hizo caso. El lobo se comió a sus ovejas. Merecido castigo para un mentiroso.

***En boca del mentiroso, lo cierto se hace dudoso.***

***

**COMPRENSIÓN LECTORA :** 1 y 2. Marca la respuesta correcta 3 Contesta la pregunta.

1. El pastor era : ☐ bueno ☐ mentiroso ☐ veraz

2. ¿Quienes ayudaron al pastor? : ☐ los campesinos ☐ las ovejas ☐ los perros

3. ¿Qué gritaba el pastor? : Escribe la respuesta.

# A mi mamá

Mamita preciosa,
mi dulce embeleso,
deja que en tu cara
deposite un beso.

Deja que me ponga
sobre tu regazo,
deja que te estreche
en un tierno abrazo.

Quiero que me tengas
cerquita de ti.
Sin tu fiel amparo,
¿qué fuera de mí?

Te quiero, mamita;
te quiero,te quiero,
con cariño hondo,
con amor sincero.

Anónimo

# Seguridad vial

1° Camina por la vereda y no por la pista.

2° No juegues en la calle.

3° No arrojes papeles ni cáscaras, al suelo.

4° Cruza por los pasos para peatones.

5° Cede la acera a los ancianos.

6° Antes de cruzar la calle, mira a la derecha e izquierda.

7° Espera si ves que se acerca un carro.

8° Ayuda a los ancianos a cruzar la calle.

COMPRENSIÓN LECTORA :

-Comenta sobre los peligros del tránsito. -¿Por qué no se debe jugar en la calle?

## Trabalenguas

Tipi, tape, tipi, tape,
tipitape, tipitón ;
tipitape, zapa, zapa,
zapatero remendón.

Pedro Pérez Peña,
pintor preciso,
pinta puertas
por poco precio.

## En el agua clara

En el agua clara
que brota en la fuente,
un lindo pescado
sale de repente.

—Lindo pescadito,
¿no quieres venir
a jugar con mi aro?
¡Vamos al jardín!

—Yo vivo en el agua,
no puedo salir.
Mi madre me ha dicho:
«No salgas de aquí».

Gabilondo Soler - México

# La lección

La nena en su libro
le gusta aprender
y quiere que el perro
aprenda a leer.

El libro en la mano
y el perro en el brazo,
repasa y repasa
y el perro ni caso.

¡Atiende, perrito
si quieres leer!
¿No ves que te enseño
por tu propio bien?

Anónimo

**COMPRENSIÓN LECTORA**

- Memoriza la poesía y recítala en clase.
- ¿Por qué el perrito no puede aprender a leer?

# Por favor

—Mamá, dame agua —dice Coquito. Pero ella hace como que no lo oye.

—¡Mamá, tengo sed; dame agua! —grita más fuerte el niño.

¿Por qué mi mamá no me oye? —piensa Coquito.

—¡Mamá!... ¡Te estoy pidiendo agua! —grita.

—Por favor, Coquito, no chilles —contesta, por fin, su mamá.

—Por favor, mamá, dame agua —dice Coquito, comprendiendo la lección.

Ahora sí, mamá lleva el agua a su hijo con voluntad y cariño.

**COMPRENSIÓN LECTORA :**

—¿Por qué la mamá no atendía a Coquito? —¿Qué significado tiene la frase : Por favor...?

## Mi maestra

Mi maestra es linda.

¿Saben por qué?

Porque siempre se la ve contenta, y para mí la gente que sonríe es linda.

A veces se pone seria...; ¡pero se le pasa en seguida!

Lo que más le gusta es enseñarnos a leer y escribir las cosas que pasan y lo que sentimos.

También nos narra cuentos y fábulas, que nos alegran y distraen.

**COMPRENSIÓN LECTORA :**

—¿Por qué se pone seria la maestra? —Di cómo demuestras el cariño a tu maestro.

# Fiesta de cumpleaños

¡Qué hermosa estuvo mi fiesta de cumpleaños! —dijo Coquito.

Mamá prepara una riquísima torta, gelatina, bocaditos y fresca chicha.

Papá adornó la casa con globos de lindos colores.

Mis hermanitos, primos y amigos jugaron tanto como yo.

No vino María Pía, pues la pobre estuvo enferma.

Al día siguiente le llevé un trozo de torta. ¡Qué contenta se sintió al recibirla!

Su alegría fue para mí el mejor regalo.

**COMPRENSIÓN LECTORA.**

—¿Cómo papá y mamá alegraron a Coquito en su cumpleaños? ¿Cuál fue la actitud bondadosa hacia María Pía?

# Adivina, adivinador ...

Cruza el aire,
mar y tierra;
no tiene boca
y sabe hablar.

Vuela sin alas,
silba sin boca,
pega sin manos
y tú no lo ves.

## La tijera de mamá

Cuando me recorta el pelo
la tijera de mamá,
va diciendo en su revuelo :
Chiqui, chiqui, chiqui, cha.

Aletea,
viene y va,
y a mi oído cuchichea :
Chiqui, chiqui; chiqui, cha.

Cuando el pelo me recorta
la tijera de mamá,
charla más de lo que corta :
Chiqui, chiqui; chiqui, cha.

Germán Berdiales.

# Voces de los animales

Los animales
no hablan
como el hombre.

Ellos se comunican
mediante sonidos
propios. Así :

El gato maúlla,
la paloma, arrulla;
y el lobo, aúlla.

La oveja, bala ;
y la abeja, zumba.

El león, ruge ;
y la vaca, muge.

El gallo, canta ;
y el pato, parpa.

El perro, ladra ;
y la gallina, cacarea.

El caballo, relincha ;
y el burro, rebuzna.

# Las partes del cuerpo

Mi cuerpecito
que poco mide,
en varias partes
él se divide.

Cabeza, tronco
y extremidades,
las digo todas,
mas no te enfades.

Al tronco unidos
están los brazos
y las dos piernas
con que doy pasos.

Pero en los brazos
tengo las manos;
en las dos piernas,
los pies llevamos.

Todas las partes
que oyendo vas,
el cuerpo tiene,
no digas más.

Lucila García Jaramillo

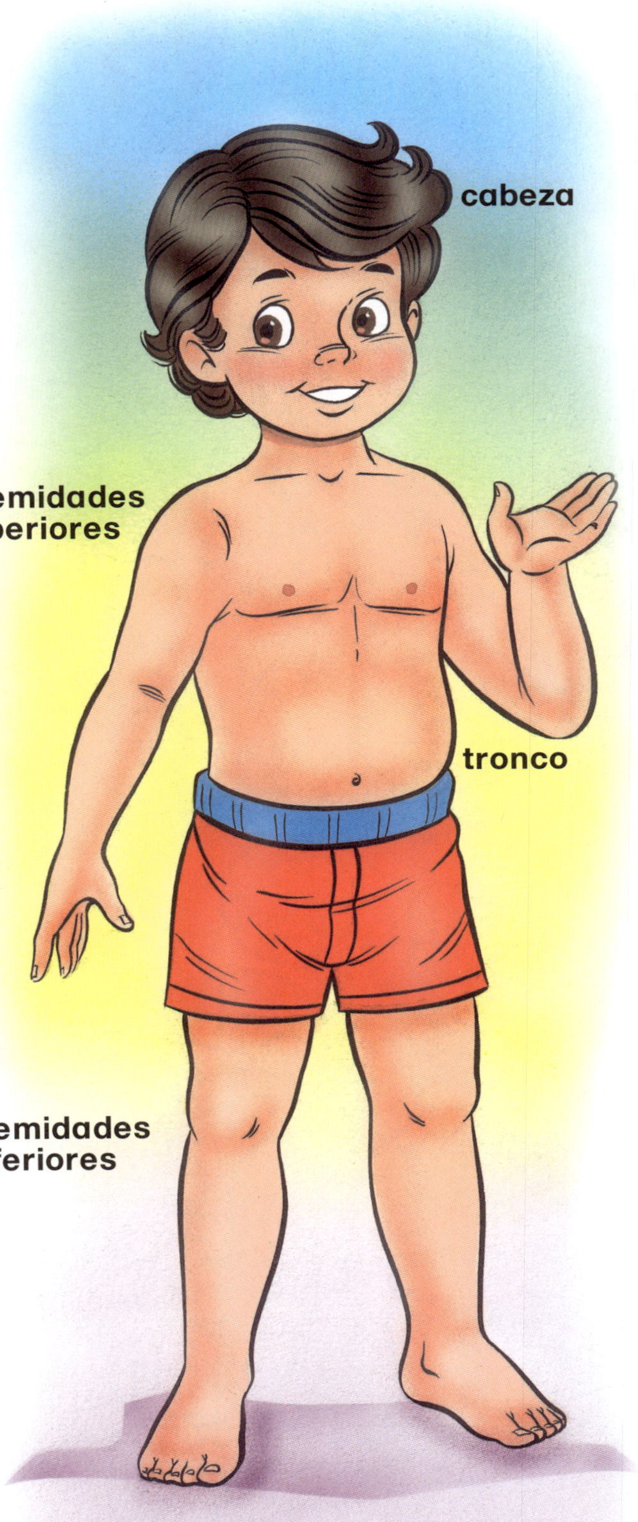


**COMPRENSIÓN LECTORA :**

1. ¿En cuántas partes se divide el cuerpo humano?
2. ¿Cómo van unidas al tronco?
3. ¿Qué debemos hacer para que nuestro cuerpo esté sano?

# Los alimentos

Las cosas que comemos se llaman alimentos y son :

—De origen animal, como la carne y los huevos.

—De origen vegetal, como el pan y las frutas.

—De origen mineral, como el agua y la sal.

Los alimentos nos hacen crecer y nos conservan sanos.

Los alimentos deben masticarse bien y comerlos en forma moderada.

**COMPRENSIÓN LECTORA:**

—Nombra cinco alimentos de origen animal y vegetal. —Indica ¿por qué son importantes los alimentos?

# Mis sentidos

Tengo dos orejas
como cucuruchos.
Todo lo que digas
con ellas escucho.

Y una montañita
llamada nariz,
para oler las flores
y decir ¡Achííís!

Tengo dos perlitas
grandes y brillosas;
son dos ventanitas
para ver las cosas.

Tengo entre mis dientes
un trompo rosado
con el que se siente
gusto a los helados.

Y, por si todo esto
te resulta poco,
tengo dos manitas
con que todo toco.

Graciela Skilton

# Adivina, adivinador...

Tiene las orejas largas,
tiene cola pequeña,
en los corrales se cría
y en el monte tiene cuevas.

Mi madre es tartamuda,
mi padre es cantador,
tengo blanco mi vestido,
amarillo el corazón.

# ¡Arre, caballito!

¡Arre, caballito!
¡Vamos a Belén!
que mañana es fiesta,
pasado también.

¡Arre, caballito!
¡Vamos a Belén!
a ver a la Virgen
y al Niño también.

¡Arre, caballito!
¡Vamos a Belén!
corre y llegaremos
en un santiamén.

# Nace el Salvador

María era una mujer muy buena que vivía en Nazaret, casada con un carpintero llamado José.

Cierto día, se presentó a María un ángel y le dijo: «Por voluntad de Dios, serás la Madre del Salvador y le pondrás por nombre Jesús».

María dijo :

—Hágase en mí según tu palabra.

Fue así que, en un establo de Belén, nació el Niño Jesús en una noche muy fría.

Los ángeles cantaron en el Cielo. Los Reyes Magos y unos pastores le adoraron y entregaron muchos regalos.

***

**COMPRENSIÓN LECTORA :**

1.- Escribe los personajes de la lectura.

2.- Responde: ¿Qué le dijo el ángel a María?

3.- Responde: ¿Qué contestó María?

4.- Responde: ¿Quiénes adoran al niño?

# Banderita mía

Aunque soy todavía
niño pequeño,
Bandera de mi Patria
contigo sueño.

Sueño que un día
seré tu abanderado,
Bandera mía.

En mi sueño glorioso,
tu paño beso
y siento en el hombro
tu dulce peso.

Bandera amada,
en mi sueño de niño,
vas reclinada.

- Pinta los colores de tu bandera.

Germán Berdiales

- Reconoce tu bandera y coloca un aspa debajo de ella.

Argentina

Bolivia

Brasil

Colombia

Costa Rica

Chile

Cuba

Ecuador

España

Puerto Rico

EE.UU.

El Salvador

Guatemala

Honduras

México

Nicaragua

Panamá

Paraguay

Perú

Rep. Dominicana

Uruguay

Venezuela

# Ya sé contar

| | | | | | | | | | |
|---|---|---|---|---|---|---|---|---|---|
| 1 | 2 | 3 | 4 | 5 | 6 | 7 | 8 | 9 | 10 |
| 11 | 12 | 13 | 14 | 15 | 16 | 17 | 18 | 19 | 20 |
| 21 | 22 | 23 | 24 | 25 | 26 | 27 | 28 | 29 | 30 |
| 31 | 32 | 33 | 34 | 35 | 36 | 37 | 38 | 39 | 40 |
| 41 | 42 | 43 | 44 | 45 | 46 | 47 | 48 | 49 | 50 |
| 51 | 52 | 53 | 54 | 55 | 56 | 57 | 58 | 59 | 60 |
| 61 | 62 | 63 | 64 | 65 | 66 | 67 | 68 | 69 | 70 |
| 71 | 72 | 73 | 74 | 75 | 76 | 77 | 78 | 79 | 80 |
| 81 | 82 | 83 | 84 | 85 | 86 | 87 | 88 | 89 | 90 |
| 91 | 92 | 93 | 94 | 95 | 96 | 97 | 98 | 99 | 100 |

10 20 30 40 50 60 70 80 90 100

**Ahora que has terminado Coquito puedes leer: «Luisito y Lucía» y luego «Fábulas de Esopo Coquito 1 al 6.**

# DIPLOMA DE HONOR

**Otorgado a :** ______________________________________________

por haber aprendido a leer, escribir y pensar bien con Coquito, ingresando así al maravilloso mundo del saber. **¡Felicitaciones!**

____________________ ____________________

Director(a) Profesor(a)

____________________ ____________________

Ciudad Fecha